Eine Insel stellt sich vor

Dünen – oder aber das große Surferlebnis. Denn Kultur, kulinarische Highlights oder gepflegte Parkanlagen, die zum Flanieren einladen – all das wird man auf der geologisch ältesten Kanarischen Insel vergeblich suchen.

Für den Strandtourismus entdeckt wurde »L'isle de forte aventure«, die Insel des großen Abenteuers, von Deutschen, die ihre Stille und die spröde Schönheit zu schätzen wußten. Lange Jahre blieb Fuerteventura das, was man einen Geheimtip nennt. Inzwischen »boomt« es auf der Insel – und noch immer geben deutsche Urlauber den Ton an. Aber keine Angst: Die Sehnsucht nach einsamen Badestränden und einer faszinierend schönen Landschaft erfüllt sich hier bis heute! Inselregierung und vor allem einflußreiche deutsche Reiseveranstalter haben inzwischen nämlich bemerkt, daß es notwendig ist, den Boom zu kanalisieren: So wird bis auf 100 Meter zur Wasserlinie nicht mehr gebaut, neue Hotels dürfen nicht mehr als drei Stockwerke zählen, und künftig sollen auch mehr Gebiete unter Naturschutz gestellt werden. So will man dem wachsenden Umweltbewußtsein der Urlauber entgegenkommen. Schließlich soll die Insel als Ziel für den qualitätsbewußten Gast erhalten bleiben.

Mit der Errichtung einiger mustergültiger Hotel- und Apartmentanlagen, die sich ästhetisch in die Landschaft fügen, ist bereits begonnen worden. Die Bausünden, die an der Costa Brava oder auf Gran Canaria so offenkundig sind – hier will man sie vermeiden. Mit dem inzwischen kostbaren »touristischen Kapital« von Sonne, Strand, Wasser und Einsamkeit will Fuerteventura schließlich auch in Zukunft für sich werben.

Solche Prachtexemplare lassen Fischerherzen höher schlagen

Auf den Spuren der Eroberer

Denn wegen der breiten, goldgelben Strände kommen die Urlauber heute – anders als einst die spanischen Eroberer, die erstmals im Jahre 1402 das steinige Eiland betraten, die beiden Guanchen-Königreiche von Jandía und Maxorata besiegten und die Stadt Betancuria gründeten. Aber die Erben der Eroberer wußten mit der Einsamkeit, der Unfruchtbarkeit und der Dürre des

Eine Insel stellt sich vor

Landes nichts anzufangen – sie emigrierten wie Tausende anderer Inselbewohner nach ihnen.

Heute wohnen gut 40 000 **Majoreros**, wie die Einwohner genannt werden, auf Fuerteventura. Sie leben hauptsächlich vom blühenden Geschäft mit den Touristen aus dem Norden Europas. Denn das, was die Insulaner in der Vergangenheit zur Verzweiflung und zur Flucht getrieben hat, nämlich die knallende Sonne, die steinige Landschaft und der »unendliche« Sand – das ist für sie heute ein Segen, der Grundstock für das Urlaubsparadies, das hier mit großem Engagement vollendet werden soll.

Es waren vor allem westdeutsche Spekulanten und Abenteurer, die frühzeitig erkannt hatten, welch schönes Ziel die Insel für nordische Sonnenanbeter sein kann. Und so waren es denn in den Anfangszeiten auch vor allem deutsche Touristen, die hier den Ton angaben, so ist Deutsch immer noch die zweite Umgangssprache – und so fühlen sich die Majoreros mittlerweile von den deutschen Gästen derart »kolonisiert«, daß sie dagegen aufbegehren! Die sozialistische Inselregierung, deren Mitglieder schließlich auch nur die eigenen Interessen vertreten, hatte Verständnis und versucht jetzt, die Nationalitäten ein wenig zu mischen. 1992 besuchten eine halbe Million Ausländer Fuerteventura (auf dem wesentlich kleineren Lanzarote sind es rund doppelt so viele Touristen) – 80 Prozent aus der Bundesrepublik. Der Rest kommt aus der Schweiz, aus England, den Niederlanden und aus Skandinavien. In den Sommermonaten »verirren« sich inzwischen auch einige Spanier hierher.

Von asketischer Schönheit: das Malpais Grande, das »große, schlechte Land«

INHALT

Willkommen auf Fuerteventura

Eine Insel stellt sich vor	4
Anreise und Ankunft	11
Fuerteventura mit und ohne Auto	13
Hotels und andere Unterkünfte	16

Fuerteventura erleben

Essen und Trinken (mit Eßdolmetscher)	20
Einkaufen	30
Mit Kindern unterwegs	34
Sport und Strände	36
Feste und Festspiele	40

Sehenswerte Orte und Ausflugsziele

Der Norden: Corralejo	44
Der Norden: Puerto del Rosario	55
Der Süden: Morro del Jable	70
Der Süden: Pajara	84

Routen und Touren

Mit dem Auto: Von Morro zum Traumstrand von Cofete	93
Mit dem Auto: Die Bergstraße nach La Pared	97
Mit dem Auto: Zum Nationalpark Timanfaya auf Lanzarote	99
Mit dem Jeep: El Jable, die Wüste	100
Zu Fuß: Aufstieg zum Pico de la Zarza	101
Zu Fuß: Wanderung zur Montaña Tindaya	102
Mit dem Schiff: Ausflug nach Lobos	104
Mit dem Schiff: Ein Tag auf Lanzarote	106
Mit dem Schiff: Zur Insel Graciosa	108

Wichtige Informationen

Fuerteventura von A bis Z	110
Geschichte auf einen Blick	122
Orts- und Sachregister	124

Karten und Pläne
Fuerteventura: Klappe vorne; **Puerto del Rosario, Morro del Jable, Peninsula de Jandía, Lanzarote**: Klappe hinten; **Kanarische Inseln**: Umschlag Rückseite; **Graciosa**: S.109

Eine Insel stellt sich vor

Das Wunderbarste an Fuerteventura sind die Strände: Nirgendwo in Europa erfüllt sich die Sehnsucht nach Sonne, Strand und Wasser so perfekt wie hier.

Wer für die Faszination extremer Landschaften einen Sinn hat, der ist auf Fuerteventura richtig. Die Wüste im Atlantik, oft als »das blanke Nichts« beschrieben, zeigt sich auch auf den zweiten Blick nicht anders als wüst, einsam und verlassen. Denn die erste Fahrt zu den **Urlaubszentren im Süden**, auf der Halbinsel **Jandía**, oder im **Norden**, bei den **Dünen von Corralejo**, führt – über mittlerweile gut ausgebaute Straßen – durch eine Landschaft von asketischer Schönheit: Die Vulkane sind schroff und in ihren Formen von fast obszönem Schwung; das Land in all seinen Braunschattierungen wirkt eintönig, aber die Strände sind kilometerlang und glitzern golden und hell in der blendenden Sonne. Die endlosen Sandstrände sind der Trumpf von Fuerteventura – keine andere Kanarische Insel bietet schönere! Weitere Pluspunkte: das für Mitteleuropäer gut verträgliche Klima – und das klarste Wasser des gesamten Archipels.

Wer hierher reist, der kommt meist auch wegen dieser Strände, sucht die Einsamkeit in den

Trotz schroffer Felslandschaft gibt es Oasen mit üppiger Vegetation

Das Inselinnere entdecken

Wer sich mit dem Auto aufmacht, wandert oder mit dem Fahrrad fährt – ein Verkehrsmittel, das immer beliebter wird –, kann sich als echter Entdeckungsreisender fühlen: Etwa, wenn er die Wüste **El Jable** durchstreift, durch den ausgetrockneten, mit Riet und Palmen bewachsenen Fluß unterhalb der **Montana Prieta** wandert oder die Geheimnisse des **Malpais Grande** – des »schlechten Landes« – für sich neu entdeckt, z. B. alte Guanchensiedlungen. Und immer wieder wird er von der beispiellosen asketischen Schönheit der **Vulkanlandschaft** überrascht sein. Wer andere Kanarische Inseln kennt, könnte geradezu erschrecken angesichts der »Leere« der Landschaft, der sprichwörtlichen Einsamkeit an den Stränden, der Stille ringsum – wenn man die Geräusche der Natur als »still« bezeichnen kann. Die Insel ist nicht im mindesten so durchgestylt wie Lanzarote – beispielsweise. Auf Fuerteventura ist es der Reiz des Kargen, das Urtümliche und Bizarre, das lockt; das Gefühl, auf einem Stück Erde zu stehen, dessen Steine vor 38 Millionen Jahren aus dem Meer emporgeschleudert worden sind.

Ein wenig Statistik gefällig? Bitte sehr: Die älteste der Kanarischen Inseln ist 92 Kilometer lang und mißt an ihrer breitesten Stelle 31 Kilometer. Sie ist 1653 Quadratkilometer groß und liegt auf dem 28. Breiten- und zwischen dem 13. und 14. Längengrad. Von der rund 326 Kilometer langen Küste besteht der größte Teil aus unzugänglichem Steilufer – 20 Kilometer aber sind Kies und 55 Kilometer sogar feiner Sandstrand. Fuerteventura ist nur 94 Kilometer von der afrikanischen Küste entfernt, nach Deutschland aber sind es weit über 3000 Kilometer. Das Land gehört mit 25 Einwohnern pro Quadratkilometer zu den am dünnsten besiedelten Gebieten Spaniens. Die Insel zählt doppelt so viele Sonnenstunden im Jahr wie Hamburg – und der letzte Vulkan explodierte vor rund 7000 Jahren.

Die Landschaft – spektakulär schön

Die Natur hat die Menschen hier schweigsam werden lassen; sie sind nicht so fröhlich wie die anderen Canarios, ihre Dörfer sind arm und zeigen sich unprätentiös. Noch hat keine Inselregierung den Bewohnern einen Farbeimer und Pinsel in die Hand gedrückt, damit sie ihre Häuser weiß und die Türen blau malen sollen; hier ist das Strandleben noch nicht reglementiert – es lockt schlichtweg die Großartigkeit einer Landschaft, die gerade dadurch gefällt, daß sie keine spektakulären Sehenswürdigkeiten präsentiert.

1402 wurde das Eiland erstmals von dem Normannen Jean de Béthencourt betreten, der dann 1412 vor dem spanischen König den Lehnseid ablegte. Seitdem gehört Fuerteventura zum spanischen Herrschaftsbereich. 1405 gründet der Eroberer

Betancuria: die erste Hauptstadt der Insel, die es bis 1835 bleiben sollte. Auf den Mauern einer Kapelle wird bereits ab 1410 die Kirche Santa Maria de Betancuria erbaut, die erste gotische Kathedrale der Kanarischen Inseln. Im 17. Jahrhundert entsteht die dreischiffige Basilika, die heute besichtigt werden kann. Zwischen 1424 und 1430 war der Ort Sitz eines Bischofs.

Die Ureinwohner wurden versklavt

Die Einwohner, die Majoreros, waren auf den Sklavenmärkten Europas eine begehrte »Handelsware«. Nachdem die Einwohnerzahl durch den Verkauf der Sklaven so weit gesunken war, daß es keine Menschen mehr für den Ackerbau gab, wurden Sklavenzüge zum afrikanischen Kontinent organisiert – die erst gegen Ende des 17. Jahrhunderts ein Ende fanden. Andererseits wiederum wurde die Insel stets von algerischen und anderen nordafrikanischen Sklavenjägern heimgesucht.

Die ersten Siedlungsspuren der Majoreros, die von den nordafrikanischen Berbern abstammen, gehen bis auf das Jahr 220 n.Chr. zurück. Rund 60 Fundorte aus vorspanischer Zeit sind bis heute bekannt. Die Bewohner lebten in kleinen Hütten und fast ausschließlich von der Viehzucht. Sie kannten die rotierende Handmühle, mit der Körner gemahlen werden konnten. Gekleidet waren sie in Ziegenfelle. Überliefert sind auch einige Fruchtbarkeitsstatuen, die im **Museum von Betancuria** zu sehen sind.

Der Auswanderungstrend kehrt sich um

In Zeiten der Dürre und Trockenheit waren viele Bewohner der Insel gezwungen, auszuwandern. Viele zog es nach Gran Canaria und Teneriffa, die meisten aber verschlug es nach Venezuela. Ende des 18. Jahrhunderts zählte die Insel nur rund 10 000 Menschen, 1975 waren es 23 000 Einwohner, heute sind es bereits knapp doppelt so viele – und um das Jahr 2010 sollen es gar 80 000 Majoreros sein, die die Insel bevölkern werden.

Tourismus als wichtigster Wirtschaftszweig

Die meisten Menschen leben in der Hauptstadt **Puerto del Rosario**. Grundlage ihres neuen »Reichtums« ist der Tourismus, in dem mehr als zwei Drittel aller Bewohner Arbeit finden und der der wichtigste Wirtschaftszweig des Landes ist. Da die Insel weder über Trinkwasserquellen noch über eine nennenswerte Landwirtschaft verfügt – einmal abgesehen vom Tomatenanbau –, müssen 95 Prozent aller Lebensmittel und ein Großteil des Trinkwassers eingeführt werden. Eine gute Versorgung von außen ist daher lebensnotwendig! In Zeiten von internationalen Krisen könnte es zu Versorgungsengpässen kommen.

Eine Insel stellt sich vor

Die Wüsten der Insel sind erst durch Menschenhand entstanden

Eine Insel stellt sich vor

Die Wüsteninsel – einst grün und bewaldet

Weite Wälder und reißende Bäche – ein Bild, das heute kaum mehr vorstellbar ist – müssen vor dem Eintreffen der Spanier die Landschaft von Fuerteventura bestimmt haben. Aber die Wälder wurden gerodet, die Sträucher ausgerissen – und den Rest fraßen die Ziegen weg. Wind und Regen trugen und schwemmten den fruchtbaren Boden davon, und so kam, was kommen mußte: Mißernten und Hungersnöte. Im 17. Jahrhundert wurden allein 26 Dürrejahre verzeichnet, aus dem 18. Jahrhundert meldeten die Chronisten gar 52 Mißernten. 1925 und 1926 wurde dann zum erstenmal mit der Wiederaufforstung und dem Bau von Stauseen begonnen. Aber da dies nur halbherzig geschah, verödete das Land immer weiter.

Ein großes Problem sind die Hirten mit ihren Ziegenherden: Nach einer vorsichtigen Schätzung gibt es rund 70 000 Ziegen, die vom europäischen Steuerzahler pro Jahr und Tier mit rund 370 Mark subventioniert werden. Die Tiere grasen überall, selbst in den unter Naturschutz stehenden Dünen von Coralejo.

Und immer wieder locken die Strände

Der Passat-, der Sahara- und der Levantewind bestimmen das Klima auf Fuerteventura. Die Durchschnittstemperaturen liegen im August bei 27, im März bei 21 und im Januar bei 18 Grad, die Wassertemperaturen schwanken zwischen 18 Grad im März bis zu 23 Grad im September. Ungemütlich kann es werden, wenn die Saharawinde übers Land blasen.

Fuerteventura, die Insel des Windes, der Vulkane, des Meeres und der Steine – sie lockt jedoch vor allem mit ihren Stränden. Die schönsten sind die **Playa de Sotavento**, die **Playa de Corralejo** und die **Playa de Cofete**. Letztere ist mittlerweile bis zum »Dorf« Cofete über eine Schotterpiste erreichbar. Von dort aus geht man zu Fuß weiter.

LESETIP

Es gibt inzwischen zahlreiche Bücher zum Thema »Kanarische Inseln« – aber so gut wie keinen Titel, der nur Fuerteventura beschreibt. Empfehlenswert als Bilderbuch ist der Band **Kanarische Inseln** (Bucher Verlag) und das **MERIAN-Heft Kanaren**. Darin findet man wunderschöne Lesegeschichten über die beeindruckende Inselwelt, dazu viele Hintergrundinformationen sowie sinnvolle und ergänzende Tips.

ANREISE UND ANKUNFT

Die für den Reisenden einfachste, bequemste und meist auch preiswerteste Art, Fuerteventura zu besuchen, ist sicherlich ein Pauschalarrangement.

Mit dem Flugzeug

So gut wie alle Reiseveranstalter in Deutschland, Österreich und der Schweiz bieten Fuerteventura an. Der internationale Flughafen von Fuerteventura heißt **Matorral** (Internationales Kürzel: FUE). **Charterflüge** mit Condor, Hapag-Lloyd und vor allem LTU starten von allen wichtigen Flughäfen; die Flugzeit beträgt gut vier Stunden. Ein Rückflug-Ticket kostet – je nach Saison und ohne Unterkunftsleistung – zwischen 580 und 880 Mark. Alle Gesellschaften fliegen Fuerteventura mit modernen Flugzeugen an, etwa mit der MD 11, in der der Sitzabstand 82 und die Sitzbreite 42 bequeme Zentimeter beträgt. Es werden außerdem **flieg & spar-Tarife** und die sogenannten **last minute-Flüge** angeboten. Die Preise sind saisongebunden.

Die nationalen Fluggesellschaften wie Iberia, Swissair oder Lufthansa fliegen das Eiland jedoch nicht direkt an. Ihre Zielflughäfen sind Teneriffa und Gran Canaria, von dort bestehen An-

Fährschiffe verbinden die Inseln miteinander

ANREISE UND ANKUNFT

WILLKOMMEN AUF FUERTEVENTURA

schlußflüge nach Matorral. Der »Super-flieg-und Spar«-Tarif kostet ab Frankfurt zwischen 900 und 1 050 Mark, ab Zürich um 1 000 Franken und ab Wien rund 9 000 Schillinge.

Mit dem Schiff

Zwischen dem südspanischen Hafen Cádiz und Rosario verkehren – je nach Saison bis zu zweimal in der Woche – **Autofähren**. Für die Überfahrt muß man mit rund zwei Tagen rechnen. Die Fähren sind via Teneriffa, Las Palmas und/oder Lanzarote unterwegs nach Rosario: Abfahrt in Cádiz ist Samstag um 14 Uhr, Ankunft in Arrecife dienstags um 12 Uhr. Der Kabinenpreis beträgt pro Person zwischen 31 530 und 41 800 Peseten; der Transport eines 2,5 Meter langen Fahrzeuges kostet zwischen 9 750 und 16 090 Peseten. Die Preise gelten für eine einfache, 705 Seemeilen lange Überfahrt.

Die zuständige Schiffahrtsgesellschaft Trasmediterránea wird vom **Reisebüro Melia** vertreten: Große Bockenheimer Straße 54 60313 Frankfurt/Main
Tel. 0 69/29 53 03 und 29 53 05
Auskünfte erteilen auch Reisebüros und die Automobil-Clubs.

Weiterreise zum Urlaubsort

Wer mit einem Veranstalter anreist, wird zu seiner Unterkunft mit dem Bus gefahren; die Transferzeiten betragen ein bis zwei Stunden. Nach Corralejo sind es 36 Kilometer, nach Los Gorriones 68 Kilometer und nach Rosario 6 Kilometer.

Taxipreise vom Flughafen

Nach Rosario 500 Peseten, zum Hotel Tres Islas bei Corralejo 2 925 Peseten, zur Costa Calma 5 800 Peseten, zum Hotel Los Gorriones 6 150 Peseten, nach Cotillo 3 760 Peseten, nach Morro Jable 7 800 Peseten, zum Club nach Esquinzo 7 350 Peseten. Die Tarife sind festgelegt. Der Transport eines Surfbrettes kostet 1 000 Peseten.

Auskunft Flughafen
Tel. 85 12 50

Am Flughafen sind außerdem alle großen **Leihwagen-Firmen** vertreten.

Flugverbindungen zu den Nachbarinseln

Täglich je zwei Flugverbindungen existieren nach Teneriffa-Nord und nach Gran Canaria, dreimal wöchentlich kann man nach Lanzarote fliegen.

FUERTEVENTURA MIT UND OHNE AUTO

Der besondere Reiz der Insel erschließt sich einem erst dann, wenn man zur Erkundung ins Landesinnere oder zu einsam gelegenen Buchten aufbricht.

Nach drei oder vier Badetagen verspürt man wahrscheinlich Lust auf einen Ausflug. Auch das »sandige« Fuerteventura ist ja nicht nur Badeinsel: Unzählige Pisten führen zwischen Feldern und Hügeln hindurch ins Inselinnere, das Straßennetz ist gut ausgebaut. Sie haben die Wahl, wie Sie Fuerteventura am liebsten kennenlernen möchten: Das zweckmäßigste Verkehrsmittel ist sicherlich der Leihwagen, ganz Sportliche können sich Fahrräder oder Mountainbikes mieten, es besteht aber auch die Möglichkeit, mit dem Bus zu fahren oder ein Taxi zu nehmen. Und wer ganz auf Nummer Sicher gehen möchte, der bucht einen Ausflug bei seinem Reiseveranstalter – Unterhaltung inbegriffen.

Mietwagen

Autos kann man in nahezu allen Ferienorten mieten. Da die Konkurrenz groß ist und die Angebote recht unterschiedlich sind, sollte man unbedingt die Preise vergleichen! Im allgemeinen reicht ein Kleinwagen vollkommen aus.

Die bequemste Art, die Insel kennenzulernen, ist die organisierte Fahrt mit dem Bus

Die Mietpreise sind niedriger als in Mitteleuropa, und eine Kilometerbegrenzung gibt es inzwischen auch nicht mehr. Das ist auch gut so: Bei einer Rundreise durch Fuerteventura hat man doch ganz schnell einige hundert Kilometer zusammen.

Für einen **Kleinwagen** rechnet man die Woche ab 20 000 Peseten; **Geländefahrzeuge**, mit denen man unbesorgt über die Schotterpisten kurven kann, gibt es pro Tag ab 5 500 Peseten.

Fähren

Mit Fähren bzw. Tragflügelbooten (jetfoil) kann man von Fuerteventura aus jede andere Kanarische Insel erreichen, allerdings muß man, wenn man La Palma, Gomera und Hierro besuchen will, auf Teneriffa bzw. Gran Canaria umsteigen.

Nach Gran Canaria
Fähre 3 mal pro Woche von Puerto del Rosario
Jetfoil 5 mal pro Woche von Morro del Jable
Nach Lanzarote
Mehrmals tgl. von Corralejo nach Playa Blanca
Nach Teneriffa
Fähre mehrmals pro Woche

Fahrräder

Noch vor einigen Jahren gänzlich unbekannt, haben **Mountainbikes** inzwischen die Insel erobert. Mieten kann man diese sportlichen Geräte in Morro und in Corralejo. Normale Tourenräder gibt es natürlich auch. Wenn Sie mit dem Rad einen Ausflug unternehmen wollen, bedenken Sie bitte: Es gibt keine Radwege, und auf den Pisten sind die spitzen Lavasteine oft ein Grund, daß man zum Schlauchflicken absteigen muß.

Fahrrad-Verleih Corralejo
Apartamentos Los Barqueros
Tel. 86 60 72
Vulcano Biking
Arorazado España 10
(deutscher Besitzer)
Motos
Morro del Jable
Calle Senador Velázquez Cabrera, 19
Die Tagesmiete für ein Tourenrad beträgt um 500 Peseten, für ein Mountainbike 1 200 Peseten.

Organisierte Touren

Von allen Reiseveranstaltern werden **Ausflugstouren** angeboten, wobei die Preise zwischen den einzelnen Unternehmen sich nicht unterscheiden. Auf den Inselrundfahrten erfahren Sie in komprimierter Form alles Wissenswerte von zum Teil sehr engagierten Reiseleitern – andererseits erleben Sie die Insel natürlich nur sozusagen im Vogelflug aus dem Busfenster.

Preisbeispiele
Inselrundfahrt 4 000 Peseten, Kamel-Safari 3 600 Peseten, Ausflug nach Lanzarote 9 000 Peseten.

Eine **Jeep-Safari** kostet 4 200 Peseten, und die Tour kann einen entscheidenden Nachteil haben:

Fuerteventura mit und ohne Auto

Sitzt man in den hinteren Wagen, so ist die aufwirbelnde Staubfahne ein stetes Ärgernis; außerdem hockt man in den schlecht gefederten Wagen fast immer viel zu eng beieinander.

Wenn man sich dagegen mit einigen anderen Gästen zusammentut und selbst einen Geländewagen mietet, kann man den ganzen Tag nach Lust und Laune auf abenteuerlichen Pisten herumfahren. Das macht mehr Spaß, ist viel bequemer – und preiswerter ist es auch.

Taxi-Safaris

Sie haben auch die Möglichkeit, mit einem Taxi Ausflüge zu unternehmen. Der Preis ist Verhandlungssache und richtet sich nach Dauer und Länge der Tour. Vom Süden aus zur Inselmitte und retour liegt der Preis bei rund 20 000 Peseten, von Corralejo in die Landschaft rund um Betancuria bei 15 000 Peseten.

Eine Ausflugstour mit dem Taxi empfiehlt sich aber eigentlich nur dann, wenn Sie etwas Spanisch verstehen und sprechen können und der Fahrer sich somit als Fremdenführer von seiner besten Seite zeigen kann.

Busse

Fast alle bewohnten Orte auf Fuerteventura sind an das öffentliche Busnetz angeschlossen. Man braucht jedoch eine gute Portion Zeit und Geduld, um einen Ausflug mit dem Bus zu unternehmen. Von Morro del Jable nach Puerto del Rosario beispielsweise dauert die Tour in den modernen Überlandbussen rund eineinhalb Stunden und kostet 700 Peseten.

Mit dem Jeep erreicht man auch entlegenere Strände wie den von Sotavento

HOTELS UND ANDERE UNTERKÜNFTE

WILLKOMMEN AUF **F**UERTEVENTURA

Luxushotels, zauberhafte Apartmentanlagen, schicke Club-Dörfer und einsam gelegene Bungalowsiedlungen – die Vielfalt der Unterkunftsmöglichkeiten ist bunt.

Als Feriendomizil offeriert die Insel ein breit gefächertes Angebot von Hotels mit über 40 000 Gästebetten. Individualreisenden hingegen, die gerne privat absteigen, bietet die Insel nur wenige Möglichkeiten.

Fuerteventura kennt drei große **Urbanisationen**, wie die Anlagen genannt werden, in denen Touristen absteigen: **Corralejo**, **Costa Calma** und **Jandía**. Darüber hinaus findet man Ferienzentren in **Caleta de Fustes** und in **Cotillo**. Die Wahl des Standortes ist von großer Wichtigkeit:

So findet man auf der Halbinsel Jandía, in Morro del Jable, die größte Auswahl an guten bis hervorragenden Hotels. Dort, an der Afrika zugekehrten Seite, sind nämlich die schönsten und längsten Strände. In Jandía stehen auch die drei bekannten Feriendörfer, der Robinson-Club im Zentrum des Ortes, der neu eröffnete Robinson-Club Esquinzo – etwa sechs Kilometer außerhalb des Ortszentrums – und der Club Aldiana.

Eine zweite große Urbanisation entsteht an der **Costa Calma**.

In der Apartmentanlage Jandía Palace hat jedes Zimmer einen Sonnenbalkon

Die schönsten Häuser findet man unweit des Strandes. Jenseits der Durchgangsstraße, in einer weiten Öde, wächst allmählich ein weiteres Zentrum. Wer dort absteigt, hat allerdings einen längeren Anmarschweg zum Strand – vor allem mit Kindern kann das auf die Dauer lästig werden.

Rund um das frühere Fischerdorf Corralejo schließlich findet man die dritte große Urbanisation. Um den Ortskern herum gruppieren sich zahlreiche Apartmentanlagen. Zum Strand und zu den Dünen sind es rund acht Kilometer; Busse bringen die Urlauber von Corralejo zu den Stränden. Inmitten der Dünen und direkt am Strand stehen nur zwei große Hotels, das familienfreundliche »Oliva Beach« und das »Tres Islas«.

Große Urbanisationen sind in den letzten Jahren etwas in Verruf gekommen. Sie wurden zum Teil als Ferienghettos angegriffen, wo reiche Mitteleuropäer ohne Rücksicht auf und ohne Interesse an fremden Kulturen ihren Urlaub verbringen. Für Fuerteventura kann dies kaum gelten. Auf der ohnehin dünn besiedelten Insel hat der Tourismus der ansässigen Bevölkerung einen gewissen Wohlstand verschafft.

Am besten pauschal buchen

Hotels und Apartmentanlagen hat die Regierung in fünf **Kategorien** eingeteilt: Die Hotels sind mit **Sternen**, die Apartments mit **Schlüsseln** gekennzeichnet. In den Unterkünften werden in der Regel Doppelzimmer angeboten. Am günstigsten und preiswertesten ist es zweifellos, wenn man sein Urlaubsdomizil als Pauschalarrangement mit Frühstück und Abendessen bucht: Das Essen im Restaurant wird sonst auf die Dauer teuer, und Cafés, die ein Frühstück anbieten, findet man ohnehin kaum.

Rechtzeitige Buchung empfiehlt sich in den Wintermonaten und zu Ostern. Viele Zimmer in den Prospekten sind mit Weitwinkel-Objektiv fotografiert – auch daran sollte man vielleicht denken. Im allgemeinen sind sie jedoch zeitgemäß ausgestattet und mit hellen, freundlichen Möbeln eingerichtet. Am besten lassen Sie sich ein Zimmer reservieren, das viel Sonnenlicht abbekommt und über einen Balkon oder eine Terrasse verfügt. Fast alle Anlagen haben übrigens einen Süßwasser-Swimmingpool und ein Kinderplanschbecken.

Nach offiziellen Angaben des **Cabildo Insular de Fuerteventura** standen Ende 1992 rund 40500 Gästebetten zur Verfügung. Anfang der 80er Jahre, als dem Tourismus noch ein zügelloses Wachstum vorausgesagt wurde, gab es einen Bebauungsplan, der eine halbe Million Betten vorsah. Der Plan ist gottlob längst Makulatur.

Dennoch: Bis vor kurzem gab es Entwicklungsprognosen, die 220000 Betten bis zum Jahr 2005 vorsahen – diese Projekte wurden inzwischen »überarbeitet«. Angeblich besteht ein Baustopp, da sich die Bevölkerung gegen eine weitere Zubetonierung ihrer Küste wehrt.»Ni una casa mas«, kein einziges Haus mehr, heißt der Slogan.

Bausünden der Vergangenheit

Nachdem die Bauvergabe zentral – von der Provinzregierung in Las Palmas – geleitet wird, hat der zügellose Ausbau etwas nachgelassen. Aber die Bausünden der Vergangenheit, an der mehrere korrupte Bürgermeister beteiligt waren, lassen sich natürlich nicht so schnell beseitigen. Bauruinen sieht man denn auch in allen Urbanisationen.

Durch ein Überangebot an Betten kann es in den schwächeren Saisonzeiten zu Preissenkungen kommen.

Trend: Harmonie von Natur und Architektur

Jetzt, wo gegen Ende des Jahrhunderts die Insel wegen ihrer unvergleichlichen Landschaft immer beliebter wird, hat auch ein Umdenken beim Bau der Ferienanlagen eingesetzt: Man ist bemüht, Natur und Architektur in Einklang zu bringen.

Beispiele sind der **Robinson-Club Esquinzo** in Jandía oder auch das **Jandía Palace**, ein luxuriöses Apartmenthaus, beispielhaft für die Einbindung strenger, aber von Grünpflanzen und Strand aufgelockerter Architektur in eine künstlich geschaffene Erholungslandschaft. Dabei wird man nicht übersehen können, daß beide als Beispiel angeführten Anlagen die Landschaft, in der sie stehen, grundlegend verändert haben: Inmitten lavastarrender Einsamkeit sind sie Inseln der Zivilisation. Die Natur wurde in das Erlebnis Ferien radikal mit einbezogen.

Nichts für Campingfans

Camping ist auf Fuerteventura eher unüblich; es gibt keinen offiziellen Campingplatz. Aber niemand hat etwas dagegen, wenn man sein Zelt aufschlägt – es muß jedoch mindestens 50 Meter von der Straße entfernt stehen, und das Zelten darf an dem Platz nicht ausdrücklich verboten sein. Unter diese Bestimmung fällt auch ein Wohnwagen. Es gibt außerdem weder Jugendherbergen noch Youth Hostels.

Hotels sind bei den einzelnen Orten im Kapitel »Sehenswerte Orte und Ausflugsziele« beschrieben.

Preisklassen

Die Preise beziehen sich auf eine Übernachtung im Doppelzimmer für zwei Personen mit Frühstück. Im Pauschalangebot der Reiseveranstalter sind die Übernachtungspreise günstiger.
Luxusklasse: ab 16 000 Ptas
Obere Preisklasse: ab 12 000 Ptas
Mittlere Preisklasse: ab 7 000 Ptas
Untere Preisklasse: um 4 000 Ptas

HOTELS UND ANDERE UNTERKÜNFTE

Zu den bekannten Feriendörfern gehört der Club Aldiana in Jandía

ESSEN UND TRINKEN

Die Inselküche ist überwiegend deftig und einfach. Restaurants im Inselinneren überraschen mit einer schmackhaften und bodenständigen Küche.

Vorneweg: Fuerteventura ist als ein lohnendes Ferienziel mit herrlichen Traumstränden und klarem Wasser bekannt – eine Oase für Feinschmecker aber ist die Insel gewiß nicht. Kurz gesagt: Auf Fuerteventura ißt man nicht besser und nicht schlechter als auf den anderen Kanaren auch. Vielmehr bestimmt die Nachfrage das Angebot: Steaks, Brathuhn oder Pizza findet man überall dort, wo Touristen danach fragen…

Gofio hingegen, das ehemalige Grundnahrungsmittel der majorerischen Einwohner, wird auch in ländlichen Gasthäusern immer weniger serviert. Es hat sich herausgestellt, daß die Fremden nicht unbedingt Freude an diesem zusammengerührten Röstbrei hatten – und selbst die Einheimischen bevorzugen längst die »kontinentale« Küche. Schließlich verkaufen die Supermärkte alle Leckereien Europas.

Deftig und ursprünglich – und immer mit Knoblauch!

Die echte, ursprüngliche Fuerteventura-Küche ist ländlich-deftig,

Eine Delikatesse: in der Sonne getrockneter Fisch

kennt durchaus schmackhafte Eintöpfe und Ofengerichte. Spezialität ist Fisch, der denn auch in fast allen Restaurants angeboten wird. Oft findet man **sancocho** auf der Karte, das ist gekochter Stockfisch. Meist wird er als Eintopf mit Gemüse und Kartoffeln zubereitet. Häufig serviert wird auch Kaninchenfleisch (**conejo**) und Ziege (**cabrito**). Die Portionen können recht unterschiedlich ausfallen – und ab und zu ist das Fleisch auch recht zäh... Größere Tafelrunden sollten gemeinsam eine Fischplatte bestellen – dabei kann kaum etwas schiefgehen.

Bestandteil fast aller Gerichte ist Knoblauch – und das nicht zu knapp: Fisch und Fleisch werden damit mehr als reichlich belegt! Auch Olivenöl kommt in der Küche üppig zur Anwendung.

Die Einrichtung der Lokale ist meist einfach. Plastikbezüge sind eben praktischer als Stoff-Tischdecken. Überall gibt man sich deutlich Mühe, die Restaurants sauber zu halten – einen formvollendeten Service darf man jedoch nicht erwarten. Auch in der Gastronomie macht sich der Mangel an ausgebildetem Personal bemerkbar. Zum Teil kommen Köche und Kellner vom spanischen Festland; auf der Insel ist eine Hotelfachschule geplant. Die Freundlichkeit und Hilfsbereitschaft der Menschen läßt etwaige Mängel aber fast immer als zweitrangig erscheinen.

An die Küche – auch in den in diesem Band genannten Restaurants – darf man generell keine zu hohen Anforderungen stellen; die Qualitätsunterschiede sind gering. Das liegt hauptsächlich daran, daß Fuerteventura keine kulinarische Tradition kennt und die sogenannte »internationale« Küche dominiert. Langsam, dank der großen Konkurrenz, beginnt freilich eine Rückbesinnung, werden die Restaurantbesitzer etwas ehrlicher und nehmen ihr Fach seriöser. Viele Lokale locken mit preiswerten »Sonderangeboten«. Dabei muß man aber beachten, daß zum angegebenen Preis des Fischgerichtes immer noch der Salat, das Brot oder die Soßen kommen. Alles muß extra bezahlt werden!

Südländische Eßgewohnheiten

Nehmen Sie sich auf jeden Fall viel Zeit fürs Essen – Sie haben schließlich Urlaub! Dem Frühstück (**desayuno**) wird allerdings keine große Beachtung geschenkt. Man trinkt meist nur einen Kaffee oder Milchkaffee (**café con leche**). Gegen 13 Uhr folgt dann aber ein kräftiges Mittagessen (**almuerza**). Um 18 Uhr gibt es manchmal eine Zwischenmahlzeit – und erst spät am Abend, ab 21 Uhr, setzt man sich zum Abendessen (**cena**). Meist fällt es opulent, geradezu ausschweifend aus: Vorspeise, Hauptgang, reichlich Wein oder Bier, Nachspeise, Kaffee und Schnaps. Essen bedeutet für die Einheimischen Genuß, Freude und Erlebnis: Seit einigen Jahren besuchen sie auch die Restaurants der Insel gern und oft. Und wenn das Lokal dann noch Spielautomaten besitzt – um so besser! Denn die Majoreros sind begeisterte Spieler, die einen ansehnlichen Teil ihres Geldes beim Glücksspiel lassen.

So gut wie alle Nahrungsmittel auf Fuerteventura, abgesehen von Tomaten, müssen eingeführt werden. Das meiste Fleisch kommt aus Argentinien, die Kaninchen sind aus China, die Butter aus Irland, der Schinken aus Andalusien, Trinkwasser und Bier von Teneriffa oder Gran Canaria, die Langusten aus dem Baskenland, die Zwiebeln aus Lanzarote – ja, und sogar Tomaten werden teilweise schon aus Marokko eingeführt. Das hat natürlich seinen Preis!

Viele Restaurants haben nur zu festen Zeiten geöffnet. Es ist übrigens keine böse Absicht, wenn das Essen nur lauwarm serviert wird. Majoreros essen einfach nicht so heiß, wie es gekocht wird! Die Bestellung bereitet nirgendwo Probleme: Speisekarten sind meist zwei- bis viersprachig; eine deutsche Übersetzung haben sie alle.

Spezialitäten der Inselküche

Die am häufigsten zubereiteten Fischarten sind der Große Zackenbarsch (**cherne**), der Papageienfisch (**vieja**), aus entfernteren Meeren kommt die Seezunge (**lenguado**); einige Restaurants haben auch Hummer auf der Speisekarte stehen. Hummer und Langusten werden allerdings oft nicht ganz fachmännisch zubereitet – eine gemischte Fischplatte schmeckt meist leckerer. Beliebt sind auch Thunfisch und Tintenfisch (**calamares**). Als kanarische Spezialität gelten »Runzelkartoffeln«, die in Salzwasser gekochten **papas arrugadas**, die zu fast allen Gerichten gereicht werden. Die meist kleinen Kartoffeln ißt man mit oder ohne Schale, je nach Geschmack. Zu den papas arrugadas wird **mojo picón** serviert, auch **mojo rojo** genannt. Dabei handelt es sich um eine scharfe rote Soße. Zum Fisch gibt es **mojo verde**, die grüne Variante, oder auch die weiße **mojo light** – mit Mayonnaise. Für all diese Tunken werden Meersalz, Knoblauch, Öl und Essig verrührt. In der roten Soße sind noch Chilischoten verarbeitet. Zur grünen gibt der Koch Petersilie und/oder Koriander. Ausgezeichnet schmecken auch einige Eintöpfe, etwa **puchero**, der aus Fleisch und Hülsenfrüchten besteht. Erfrischend wiederum der bekannte **gazpacho**, eine kalte Suppe aus pürierten Tomaten, Gurken, Paprikaschoten, Öl, Knoblauch und Wasser. Huhn wird hier nicht gegrillt, sondern geschmort, in Stücke zerschnitten und scharf gewürzt. Eine raffiniert gewürzte Küche darf man freilich nicht erwarten.

Die meist sehr süßen Desserts sind ein wichtiger Bestandteil der Mahlzeiten. Typisch sind üppige Torten, Mais- und Obstkuchen, Karamelpudding und flambierte Bananen mit Honig und Likör. Beliebt sind Man-

ESSEN UND TRINKEN

delcreme, natürlich Eis (helado) – und ganz einfach Früchte. Als Besonderheit gilt auch der Ziegenkäse, queso blanco. Tapas, die winzigen Appetithappen, werden als Zwischenmahlzeit oder in den Restaurants zum Aperitif verzehrt. Es handelt sich dabei z.B. um Fleischbällchen in Soße, Tintenfisch, Sardinen, Schinken oder um ein paar Oliven.

Getränke – national und international

Die internationalen Limonaden- und Cola-Marken gibt es überall, zum Teil in Lizenz hergestellt. Wasser begleitet jedes Essen. Es kommt in Literflaschen mit (con gas) oder ohne Kohlensäure (sin gas) auf den Tisch. Immer populärer wird Bier (cerveza): Dänisches und deutsches Bier gibt es in allen Supermärkten zu kaufen, und in vielen Bars und Restaurants wird es auch schon vom Faß gezapft. Bei den Weinen werden in erster Linie spanische Kreszenzen vom Festland angeboten. Bekömmlich sind jene aus dem Penedes, Navarra oder Rioja. Von der Nachbarinsel Lanzarote werden ebenfalls Weine angeboten, aber die sind in der Regel »gestreckt« und auf »Trinkstärke« verdünnt. Am besten schmecken die trockenen (seco) Weine. Offene Tischweine sollte man nur bestellen, wenn das Restaurant einen entsprechend guten Eindruck macht. Es wäre doch schade um den Urlaubstag, wenn man am anderen Morgen mit Kopfschmerzen aufwacht...

In geschmückten Bars trinkt man Wein, Bier oder auch Kaffee

Zum Abschluß trinkt man café solo oder café cortado (mit wenig Milch) oder café con leche (mit viel Milch). Wer es gern kräftig hat, bestellt carajillo, das ist schwarzer Kaffee mit Brandy. In einigen Restaurants braut man inzwischen auch »deutschen« Filterkaffee: Es mag am Wasser oder an der Luft liegen – er schmeckt jedenfalls seltsam.

Restaurants sind bei den einzelnen Orten im Kapitel »Sehenswerte Orte und Ausflugsziele« beschrieben.

Preisklassen

Die Preise beziehen sich jeweils auf ein Menü ohne Getränke, Steuern und Trinkgeld.
Luxusklasse: ab 3 500 Ptas
Obere Preisklasse: ab 2 500 Ptas
Mittlere Preisklasse: ab 2 000 Ptas
Untere Preisklasse: ab 1 200 Ptas

Essen und Trinken

Das Nationalgericht »paella« gibt es in jedem Ort zu essen

Essen und Trinken

Eßdolmetscher

A

absintio: Wermutgewürz
abcedía: Flunder
aceitunas: Oliven
agua: Wasser
– *mineral:* Mineralwasser
– *natural:* Leitungswasser
– *con gas:* Wasser mit Kohlensäure
aguacate: Avocado
aguardiente: Schnaps
ahumado: geräuchert
ajo: Knoblauch
alajues: Pfefferkuchen
a la pavilla: vom Grill
a la plancha: vom Blech
albaricoque: Aprikose
albóndiga hamburgesa: Frikadelle, Bulette
albóndigas: Fleischklößchen
alcachofas: Artischocken
alfajor: Gewürzkuchen
almejas: Herzmuscheln
almendra: Mandel
anchoas: Anchovis
anís: Anis(likör)
apio: Sellerie
arenque: Hering
arlequín: gemischtes Eis
arroz: Reis
asado: Braten
atún: Thunfisch
avellanas: Haselnüsse
aves: Geflügel
azafrán: Safran
azúcar: Zucker
– *de caña:* Rohrzucker
– *en terrones:* Würfelzucker

B

bacalao: Stockfisch
barquillos: Waffeln
bebida: Getränk
– *alcoholica:* alkoholisches Getränk
– *sin alcohol:* alkoholfreies Getränk
– *con hielo:* Getränk mit Eis
berro: Kresse

bienmesabe: süße Schichttorte mit Mandel-Ei-Creme
bisté, bistec: Beefsteak
bizcochos: Gebäck aus Honig, Mehl und Kokosraspeln
bocadillo: belegtes Brötchen
bonbon gigante: süße Schokoladennachspeise
budín: Pudding
buey: Rind, Ochse
buñuelo: Spritzgebäck

C

caballa: Makrele
cabrito en adobo: eingelegtes, gebratenes Fleisch junger Ziegen
cacahuetes: Erdnüsse
cachuela: Kaninchenragout
café con leche: Kaffee mit viel Milch
– *con nata:* Kaffee mit Sahne
– *cortado:* Kaffee mit wenig Milch
– *solo:* schwarzer Kaffee
calabaza: Kürbis
calamar: Tintenfisch
caldo: Fleischbrühe
callos: Kutteln
– *a la madrileño:* Kutteln in pikanter Soße
canela: Zimt
cangrejo: Krebs
capón: Kapaun
carne: Fleisch
– *fiambre:* kalter Braten
– *picada:* Hackfleisch
carnero: Hammelfleisch
castañas: Kastanien
cazuela: Fischteller
cebollas: Zwiebeln
cecina: Rauchfleisch
cena: Abendessen
cerdo: Schweinefleisch
cerezas: Kirschen
cerveza: Bier
– *dorada:* helles Bier
– *oscura:* dunkles Bier
chauchas: grüne Bohnen
cherne: Papageienfisch
chicharrón: gebratene Schweinekruste

ESSEN UND TRINKEN

chocolate: Schokolade
chorizo: Aufschnittwurst
chuleta: Kotelett
ciruelas: Pflaumen
– *amarillas:* Mirabellen
– *pasas:* Backpflaumen
clavo: Gewürznelke
cocido: Kartoffeleintopf mit Fleisch und Erbsen
col: Kohl
– *de Bruselas:* Rosenkohl
– *lombarda:* Rotkohl
coliflor: Blumenkohl
colinabo: Kohlrabi
comida: Mittagessen
comino: Kümmel
conejo: Kaninchen
confituras: Eingemachtes
consomé: Kraftbrühe
copa: Glas
cordero: Lamm
crema: Creme, Cremesuppe
crudo: roh
crustaceos: Schalentiere
cubierto: Besteck
cuchara: Eßlöffel

D

dátiles: Datteln
desaynno: Frühstück
diente de ajo: Knoblauchzehe
dulces: Süßigkeiten

E

embutido: Wurst
empanada: Fleischpastete
ensalada: Salat
– *variada:* gemischter Salat
entrada: Vorspeise
entremeses: gemischte Vorspeise
escaldón: Suppe mit Gofio
escalope: Schnitzel
escarola: Endivien
escorzoneras: Schwarzwurzeln
espárragos: Spargel
espinacas: Spinat
estofado: Schmorbraten
estragón: Estragon

F

faisán: Fasan
fideos: Fadennudeln

Eine Köstlichkeit ohnegleichen: frische Tomaten direkt vom Feld

Essen und Trinken

flan: Karamelcreme
frangollo: Süßspeise mit Milch und Mais
fresa: Erdbeere
frito: gebacken
fruta del mar: Meerestiere
frutas: Obst

G

gallina: Huhn
ganso: Gans
garbanzos: Kichererbsen
gazpacho: kalte Gemüsesuppe
gigote: Hackbraten
ginebra: Wacholderschnaps, Gin
gofio: geröstetes Maismehl
grosellas: Johannisbeeren
guisado: Gulasch, Schmorfleisch
– *picante:* Ragout
guisantes: Erbsen
güisqui: Whisky

H

helado: Speiseeis
hielo: Eis
hierbas aromáticas: Würzkräuter
hígado: Leber
– *asado con mojo colorado:* gebratene Leber mit grüner Soße
higo: Feige
hongos: Pilze
hortaliza: Gemüse
huevo: Ei
– *al plato (frito):* Spiegelei
– *duro:* hartgekochtes Ei
– *pasado:* weiches Ei
– *flamencos:* flambiertes Ei mit Knoblauch
– *revueltos:* Rührei

J

jalea: Gelee
jamón: Schinken
– *de York:* gekochter Schinken
– *serrano:* luftgetrockneter Schinken
jengibre: Ingwer
judías: Bohnen

– *secas:* weiße Bohnen
– *verdes:* grüne Bohnen
jugo: Saft, Brühe
– *de carne:* Fleischsaft

L

langosta: Languste
laurel: Lorbeer
leche: Milch
lechuga: grüner Salat
legumbres: Gemüse, Hülsenfrucht
lengua: Zunge
lenguado: Seezunge
lentejas: Linsen
licor: Likör
liebre: Hase
limón: Zitrone
limonada: Limonade
liquor: Likör
lisa: Steinbeißer

lomo: Rückenstück

M

mantecado: Sahneeis
mantequilla: Butter
manzana: Apfel
mariscos: Meeresfrüchte
mejillónes: Miesmuscheln
melocotón: Pfirsich
menta: (Pfeffer-)Minze
merengue: Schaumgebäck
merluza: Seehecht
mermelada: Marmelade
mero: brauner Zackenbarsch
miel: Honig
mojo picon: pikante Soße
– *rojo:* rote, sehr scharfe Soße
– *verde:* grüne, pikante Soße
morcilla: Blutwurst
mostaza: Senf

N

naranja: Apfelsine
nata batida: Schlagsahne
nispero: Mistel
nueces: Nüsse
nuez moscada: Muskatnuß

ESSEN UND TRINKEN

O

olla: gekochter Eintopf
ostra: Auster

P

paella: Reisgericht
pan: Brot
– *blanco:* Weißbrot
– *negro:* Schwarzbrot
– *tostado:* Toastbrot
panecillo: Brötchen
papas: Kartoffeln
pasas: Rosinen
pastas: Gebäck
pastel: Kuchen, Torte
– *de patatas:* Kartoffelpuffer
pata de cerdo: Schweinsfuß
patatas: süße Kartoffeln
pato: Ente
pecho: Brust
pepinillo: Essiggurke
pepinos: Gurken
pera: Birne
perca: Barsch
perdigón: junges Rebhuhn
perdiz: Rebhuhn
perejil: Petersilie
pescado: Fischgericht
pez: Fisch
– *espada:* Schwertfisch
picadillo: Hackfleisch
pichón: Taube
piel: Schale, Haut
pimienta: Pfeffer
pimiento picante: Paprika
pierna: Keule
piña: Ananas
plátano: Banane
platija: Flunder
postre: Dessert
potaje: Gemüsesuppe
puchero: Gemüsespezialität
pulpo: Krake

Q

queso: Käse
– *blanco:* Schafs-, Ziegenkäse
– *amarillo:* Butterkäse (ähnlich wie Gouda)
quisquilla: Krabbe

R

rabanitos: Radieschen
rábano: Rettich
– *picante:* Meerrettich
repollo: Weißkohl
requesón: Quark, Frischkäse
riñonada: gedämpfte Nieren
riñones: Nieren
rollo: Roulade
ron con miel: Rum mit Honig
rosbif: Roastbeef

S

sal: Salz
salchichas: Würstchen
salchichón: Salami
salsa: Soße
salsiffes negros: Schwarzwurzeln
salvia: Salbei
salmón: Lachs
sancocho: Kartoffelsuppe mit Gemüse und Fisch, Fleisch oder Schinken
sandia: Wassermelone
sangria: kalte Bowle aus Rotwein, Wasser, Zucker, Früchten
semola: Grieß
setas: Speisepilze
soja: Soja(bohne)
solomillo: Filet, Lendenstück
sopa: Suppe mit Einlagen
– *borracha:* Weinkaltschale
– *de fideos:* Nudelsuppe
– *de rabo de buey:* Ochsenschwanzsuppe
– *de verduras:* Suppe aus Frischgemüse
– *juliana:* Gemüsesuppe
sorbete: Fruchteis
suspiro: Windbeutel

ESSEN UND TRINKEN

T

tallarines: Nudeln
tarta: gefüllte Torte
té: Tee
tenedor: Gabel
tiburón: Haifisch
tocino: Speck
tomates: Tomaten
tomillo: Thymian
torrija: Arme Ritter
torta: Kuchen
tortilla francesa: Omelett
– *española:* Omelett mit Kartoffeln
trucha: Forelle
turrón: Mandelkuchen

U

uvas: Weintrauben

V

vaca: Rind
vainilla: Vanille
verduras: Gemüse, Salate
vermut: Wermutwein
vieira: Jakobsmuschel
vieja: Trockenfisch
vinagre: Essig
vino: Wein
– *blanco:* Weißwein
– *de la peninsula:* Wein von der Halbinsel (spanisches Festland)
– *del país:* Landwein der Region oder der Insel
– *dulce:* süßer Wein
– *embotellado:* Flaschenwein
– *medio seco:* halbtrockener Wein
– *rosado:* Roséwein
– *seco:* trockener Wein
– *tinto:* Rotwein

Z

zanahorias: Mohrüben
– *finas:* Karotten
zumo (de frutas): Fruchtsaft (aus frischen Früchten)
– *de limón:* Zitronensaft
– *de manzana:* Apfelsaft
– *de melocotón:* Pfirsichsaft
– *de naranja:* Orangensaft
– *de piña:* Ananassaft
– *de uva:* Traubensaft

DER BESONDERE TIP

S**aavedra** Einfaches, aber gemütliches Lokal im Zentrum von Morro del Jable. Die Fischgerichte sind deftig, schmecken gut, und die Atmosphäre ist ausgelassen. Spät am Abend greifen hin und wieder Einheimische zur Gitarre. Tgl. außer So, Tel. 87 60 56. Untere Preisklasse

Einkaufen

Ohne ein hübsches Mitbringsel muß kein Besucher die Insel verlassen: Töpferarbeiten, Stickereien oder einfach nur ein großes Stück Ziegenkäse.

Rustikal, fast derb ist die rötliche **Keramik** der Insel, mit schwungvollen Strichen verziert. Man findet Krüge, Töpfe und Kasserollen. Allerdings: Wirklich schöne Arbeiten einheimischer Handwerker werden nicht in den Souvenirläden verkauft! Die **Artesanos**, die Kunsthandwerker, bieten ihre Produkte in eigenen Werkstätten an. Berühmt sind die schlichten Tonwaren der Josefa Aroza (→ Der Besondere Tip): Die alte Dame arbeitet inzwischen nicht mehr regelmäßig; ihr Sohn Victorio hat den winzigen Betrieb übernommen. Er töpfert Krüge, Töpfe, Weingefäße und Figuren, wobei es sich meist um Reproduktionen von Arbeiten der Ureinwohner Fuerteventuras handelt. Die Stücke kosten ab 1 000 Peseten. Victorio arbeitet übrigens ohne Drehscheibe, zur Gestaltung werden nur die Hände benutzt.

Weitere lohnende Souvenirs sind **Stickereien**. Hergestellt werden sie im Stickerei-Zentrum von Lajares. Im Verkaufsraum kann man Frauen und Mädchen zuschauen, wie sie die vom Klöp-

Ziegenkäse: ein leckeres Mitbringsel für Daheimgebliebene

peln abgeleiteten Rosetten herstellen und wie kunstfertig sie die Technik der Hoch-, Richelieu- und Durchstichstickerei beherrschen.

In einigen Galerien und Schmuckgeschäften findet man originelle Arbeiten von kanarischen Kunsthandwerkern. Gern gekauft werden Schmuckstücke mit dem Edelstein Olivin. Allerdings: Der Stein kommt aus Brasilien, wird in Asien geschliffen und (fast immer) in Idar-Oberstein zu Schmuck verarbeitet!

Auf Fuerteventura wird man selten **Olivinsteine** entdecken, auf Lanzarote hingegen mehr (etwa bei El Golfo oder in der Landschaft bei Yaiza → Ausflug Lanzarote, Routen und Touren). Der Olivin, den man hier findet, eignet sich nicht zur Verarbeitung von Schmuck, da er zu klein für eine Gold- oder Silberfassung ist. Diese Steine haben einen Härtegrad von 6,6 (der Diamant hat einen Härtegrad von 10). Die grünen Olivine, meist von einem harten Lavamantel umgeben, sind neben Muscheln und kleineren roten Lavasteinen immer noch das beliebteste Souvenir, das nichts kostet – und für das man außer seinem guten Auge kein Werkzeug nötig hat. Für einen schönen Ring mit einem Olivinstein, etwa ein Karat, muß man etwa 200 Mark ausgeben.

Für Hobbygärtner gibt es Pflanzen

Beliebt sind auch exotische **Blumen- und Pflanzensamen** und die Palmensetzlinge, die in den **jardinerias**, den Blumenläden, für einige hundert Peseten verkauft werden. Wunderschön ist z.B. der »Paradiesvogel«, eine Art der südafrikanischen Strelizie. Das Angebot an einheimischen kanarischen Blumen und Setzlingen ist wirklich reichhaltig. Ein schönes Souvenir für Hobbygärtner!

Verzichten sollte, ja muß man auf den Kauf von Elfenbeinschmuck: Die Einfuhr nach Europa ist verboten! Vorsicht auch beim Kauf von Schnitzereien aus »echtem Ebenholz«: In den meisten Fällen handelt es sich um schwarz angemaltes Holz – beim ersten Kontakt mit Wasser läuft die Farbe aus.

Tax-free – nicht immer ein Schnäppchen

Zahlreiche Geschäfte des gehobenen Bedarfs – etwa für Foto-, Video oder Elektroartikel – werben mit »Tax-free«, zollfrei. In den meisten Fällen aber ist die Ware nicht preiswerter als daheim. Wer also hochwertige Artikel kaufen will, sollte sich bereits zu Hause erkundigen, was sie kosten. Preiswert hingegen sind **Tabakwaren** und **Hochprozentiges**, z.B. der kanarische Rum, **arucas**, oder die Liköre, die nach Banane, Kakao, Pfefferminz, Aprikose oder Kaffee schmecken.

Selbstversorger, die es von Spanien her gewohnt sind, Zutaten frisch auf den leuchtend bunten **Märkten** einzukaufen, werden hier enttäuscht – es gibt sie nicht. Gutes Fleisch zu erstehen, ist mehr als Glückssache – es ist meist zäh. Läden, in denen man fangfrischen Fisch bekommt, findet man nur in Rosario (an der Avenida de Los Reyes de Espana). In der einzigen Markthalle der Insel, **Mercado Municipal**, gibt es günstig Safran zu kaufen. Lebensmittel, Getränke, Obst und Tabakwaren bekommt man in den **Supermercados** oder den **tiendas**, kleineren Läden.

Fast alle Waren werden eingeführt

Da fast alle Lebensmittel und auch andere Produkte eingeführt werden müssen, sind viele Souvenirs recht teuer. Wer auf den Geschmack des bernsteinfarbenen Vulkanweines **Malvasia** gekommen ist, kann sich davon ein paar Flaschen mit nach Hause nehmen. Angeboten werden sie im Dreierpack – handlich zum Tragen. Bedenken sollte man jedoch, daß der Wein sich nicht lange lagern läßt – und daß er daheim vermutlich anders mundet als unter der Sonne von Fuerteventura. In der **Käsefabrik Maxorata** – an der Straße zwischen Tuineje und Gran Tarajal – kann man den inseltypischen Ziegenkäse kaufen. Kenner schwören auf **curados**: Er schmeckt vorzüglich beim Picknick am Strand und ist außerdem ein ausgefallenes Mitbringsel. Es gibt ihn in zwei Sorten; verkauft werden nur ganze Laibe – zwischen ein und drei Kilogramm schwer. Das Kilogramm kostet 1 200 Peseten (Montag–Samstag 8–15 Uhr, Tel. 87 08 90).

Nicht nur **Wochenmärkte**, sondern auch andere traditionelle Märkte sucht man auf der Insel vergeblich.

Die Öffnungszeiten

Die **Geschäftszeiten** sind an keine festen Regeln gebunden. Im allgemeinen sind die Läden von Montag bis Freitag von 9–13 und von 16.30–20 Uhr geöffnet, am Samstag bis 13.30 Uhr. In den Urbanisationen haben Supermercados und andere Geschäfte auch am Sonntag geöffnet.

DER BESONDERE TIP

Taller de Artesania Ceramica Die winzige Töpferwerkstatt der Josefa Aroza befindet sich an der Straße beim Dorf Valle de Santa Inès. Hinter dem Friedhof führt der rechte Pfad zum Haus, das linker Hand auftaucht. Sollte die Werkstatt geschlossen sein, fahren Sie den Weg einfach weiter: Hinter einem Palmengarten steht das Wohnhaus der Familie Aroza.

EINKAUFEN

Souvenirs, Marke international, finden Sie in Corralejos Altstadt

Mit Kindern unterwegs

Fuerteventura ist ein Paradies für alle Kinder, die Sonne, Wasser und frische Luft lieben. Die Insel hält ein vielfältiges Beschäftigungsangebot für Kinder bereit.

Einen ganz besonderen Stellenwert räumen manche Reiseveranstalter und Fluggesellschaften seit neuestem einem kinderfreundlichen Programm ein. Bei der Charterfluggesellschaft LTU etwa, bei der in den Sommermonaten jeder dritte bis vierte Passagier ein Kind ist, beginnt der spezielle Service bereits während des mehrstündigen Fluges nach Fuerteventura. Das hat handfeste Gründe: Wenn es gelingt, die Kinder zufriedenzustellen, bedeutet dies zumeist ja auch zufriedene Eltern. Außerdem sind die jungen Kunden die vollzahlenden Passagiere von morgen oder übermorgen!

Kinder sind die Kunden von morgen

Mit ihrer ausgeprägten Kritikfähigkeit sind Kinder außerdem ein zuverlässiger Gradmesser für Güte und Qualität eines Hotels oder einer Apartmentanlage.

Ideal für Ferien mit Kindern ist z.B. das Hotel »Oliva Beach« bei **Corralejo**. In diesem Haus steigen viele Familien, aber auch al-

Immer wieder ein Erlebnis für Kinder: Kamelreiten in La Lajita

Mit Kindern unterwegs

leinreisende Mütter mit ihren Kindern ab, und so findet man immer rasch Anschluß. Vor dem Hotel erstreckt sich der weite Sandstrand, hinter dem Hotel eine schöne Dünenlandschaft, durch die sich vor allem morgens oder am späten Nachmittag herrlich wandern läßt: Der Sand ist fein und das Vergnügen groß, wenn man sich von den Hügeln herunterrollen läßt.

An der **Costa Calma** einen »Kinder-Urlaub« zu verbringen, hat wohl nur Sinn, wenn man ein Haus direkt am Strand aussucht, etwa das »Iberotel Playa« mit Schwimmbad. Wer dagegen an der Costa ein Apartment bucht, das jenseits der Straße liegt, muß einen längeren und oft recht mühsamen Fußmarsch in Kauf nehmen, um zum Meer zu gelangen. Die Hotels und Apartment-Anlagen in **Morro del Jable** sind für Ferien mit Kindern geradezu ideal: Dort ist das Wasser relativ flach, und viele Häuser beschäftigen Kinder-Animateure. Ganz auf die Bedürfnisse von Kindern zugeschnitten ist der Robinson-Club »Esquinzo«. Ideale Badeplätze für die Kleinen sind die hellen Sandstrände von **Sotavento**, bei **Calete de Fustes** und die flachen **Jandía**-Strände. Der einzige kleine Wermutstropfen: Auf Fuerteventura gibt es keine Vergnügungsparks für Kinder. Dafür sollten Sie sich aber das Naturspektakel der **Steilküsten bei La Pared** nicht entgehen lassen.

Auf den Spuren von Piraten und Schmugglern

Eine Wanderung von Puerto de la Pena über einen schmalen Pfad zu den Höhlen **Caleta Negra** gehört mit zum Gewagtesten, was man auf der Insel unternehmen kann. Über ein helles Felsplateau läuft man Richtung Steilküste, dort findet man noch Reste eines alten Anlegers – früher fuhren von hier Schiffe nach Teneriffa – und gelangt über Stufen zu den Höhlen, in denen einst Schmuggler und Piraten Zuflucht gesucht haben. Die größte dieser Höhlen, die nur bei niedrigem Wasserstand zu beklettern sind, mißt über 50 Meter.

Der Besondere Tip

Abenteuer-Ausflüge In La Lajita kann man auf Kamelen reiten – ein aufregender Spaß für groß und klein! Besonders eindrucksvoll ist eine Fahrt mit dem Glasbodenboot »El Majorero« von Corralejo zur kleinen Insel Lobos.

SPORT UND STRÄNDE

Das Schönste an Fuerteventura sind die langen, goldgelben Traumstrände. Und wenn eine frische Brise weht, haben auch die Surfer so richtig ihren Spaß.

Der staubfreie Dünensand – im Laufe von Jahrmillionen aus feinzerriebenem Muschelkalk entstanden –, der sich über die Wüste »El Jable« legt und über die Playa de Sotavento gewirbelt wird, das ist **die** Attraktion von Fuerteventura. Keine andere Landschaft oder Sehenswürdigkeit kann den Reiz der endlos langen Strände aufwiegen. So arm die Insel und ihre Dörfer sonst auch sein mögen – als einzige aller Kanarischen Inseln kann Fuerteventura Strände von insgesamt mehr als 55 Kilometern Länge vorweisen. Diese Tatsache, und das angenehme Klima, hat der Insel zweifellos zu ihrem touristischen Boom verholfen.

Strandläufer und Wassersportler, Segler und Surfer finden hier ebenso ihr Eldorado wie Küstenangler und Tennisspieler – letztere allerdings mit einer kleinen Einschränkung: Wegen des stets präsenten Windes sind viele Tennisplätze überdacht. Die Berge und das Landesinnere mit seinen kleinen Oasen und ausgetrockneten Bach- und Flußläufen sind schöne Ziele für wanderlustige Urlauber. Und Hobbygeologen werden in der Steilküste bei El Cotillo, an der Playa de la Cueva oder in der Wüste El Jable fündig: Dort kann man Muscheln, Schnecken und andere Versteinerungen finden, die vier bis fünf Millionen Jahre alt sind.

Am Strand von Sotavento ist Paragliding eine beliebte Sportart

SPORT UND STRÄNDE

Angeln

Im Hafen von Morro del Jable wartet die »Neptun« auf Passagiere. Tel. 54 11 10

Surfen

Geeignet sind so gut wie alle Strandzonen. Für Anfänger sind es die Lagunen an der **Playa de Sotavento**, der Strand von Jandía an der **Playa Esquinozo** und der **Playa Matorral**. Fortgeschrittene finden ihr Surfparadies bei **Corralejo**, zwischen diesem Ort und der Insel **Lobos**, und natürlich unweit der Hotels Tres Islas und Oliva Beach, an der **Playa Médano**. An der **Westküste**, wo die Wellenberge schon mal hoch aufgischten können und Höhen von sechs und mehr Metern erreichen, kommen Brandungssegler zu ihrem Recht. Echte Könner wagen schon einmal die Überquerung nach Lanzarote.

Tauchen

Zum Tauchen lädt das Meer zwischen **Corralejo** und der Insel **Lobos** ein. Das Meer ist dort nicht tiefer als 10 bis 15 m, und die Unterwasser-Flora und -Fauna ist geradezu überwältigend schön. Aber auch auf der Halbinsel **Jandía**, an der **Playa de Juan Gomez** und bei den **Casa Jóros**, findet man kleine Buchten, in denen Tauchen und Schnorcheln Spaß macht.

Strände

325 Kilometer ist die Küste Fuerteventuras lang; davon besteht die Hälfte aus Steilufern, die sich in erster Linie an der Westküste entlangziehen; rund 20 km aber sind Kies- und rund 55 km feiner Sandstrand.

Morro del Jable bis zur **Punta de los Molinillos** ■ B 6
Mit rund 30 km Länge ist dies das Herzstück aller kanarischen Strände.

Playa de Sotavento ■ C 6
Mit ihrer Lagune, die je nach Wasserstand durchwatet oder durchschwommen werden kann, gehört dieser Strand zu den beliebtesten Zielen auf der Insel. Immer wieder zieht es Urlauber hierher, um einfach nur am Wasser entlangzuwandern – und wenn man Lust verspürt, taucht man in die klaren und angenehm erfrischenden Wellen ein…

TOPTEN 7

Playas y Dunas de Corralejo ■ E 1
Rund 10 km lang sind diese Strände. Hier ist es etwas voller als im Süden; vor den Strandhotels stehen Liegestühle, und Schirme (Mietpreis je 300 Ptas.) schützen vor der Sonne. Die Wellen sind ein wenig höher als im Süden.

El Cotillo ■ D 1
Rechts vom Dorf findet man einige kleinere Sand- und Strandbuchten, und links davon, hinter dem Festungsturm Tostón, erstrecken sich – vor der Steilküste – einige Badebuchten, die gerne von Individualisten aufgesucht werden.

Caleta de Fustes ■ E 4
Eine kleine, bescheidene Badebucht, windgeschützt. Hier können auch Kinder unbekümmert baden.

Isla de Lobos ■ E 1
Auf der kleinen vorgelagerten Insel findet man einen wunderschönen Sandstrand.

Sport und Strände

Der helle, feinsandige
Strand bei Jandía
ist bei Surfern und Kindern
gleichermaßen beliebt

SPORT UND STRÄNDE

FESTE UND FESTSPIELE

Die Majoreros feiern gerne und ausgiebig. Jedes Dorf kennt seine eigene Fiesta; gegessen und getrunken, musiziert und getanzt wird unterm Sternenhimmel.

Die Fiestas auf Fuerteventura lassen sich fast alle auf einen religiösen Ursprung zurückverfolgen. Neben den **dörflichen Festen**, deren Brauchtum noch sehr lebendig ist, sind es **Pilgerfahrten** und auch der **Karneval**, die ausgiebig gefeiert werden. Die Feiern finden in der Regel auf dem Dorfplatz vor der Ortskirche statt und beginnen erst spät am Abend. Vor allem der Karneval in Rosario wird immer populärer, während die kirchlichen Feste nichts von ihrem strengen Charakter verloren haben. Neben dem Karneval gehört die Fiesta zur Heiligen Jungfrau vom Rosenkranz in Rosario und die Pilgerfahrt zur Virgen de la Peña in Verga de Rio Palmas zu den Höhepunkten eines Festjahres. Die Weihnachtszeit mit Krippenspielen kann ebenfalls sehr stimmungsvoll sein.

Jedem Dorf auf der Insel stehen laut Gesetz zwei **lokale Festtage** zu. Fällt einer davon auf einen Sonntag, wird die Fiesta an einem Werktag nachgefeiert. Sie sind im allgemeinen sehr gut besucht; es wird reichlich gegessen, getrunken und getanzt. Auf Plakaten oder mit Handzetteln wird auf die Feste aufmerksam gemacht, deren Höhepunkt selten vor 22 Uhr liegt, wenn – meist jugendliche – Bands zum Tanz aufspielen. Die nachfolgenden Daten können sich verschieben, maßgebend sind die angegebenen Zeiten auf den Plakaten.

Bei den dörflichen Festen wird selbstverständlich auch getanzt

Feste und Festspiele

Januar
Fray Andresito in Ampuyenta
14. Januar

Santa Inès
Patronatsfest in Valle Sta. Inès
21. Januar

Februar
**Fiesta Nuestra Senora
de la Candelaria**
Patronatsfest in Gran Tarajal
2.–10. Februar

Fiesta del Agua
Erinnerung an das »Regenwunder«
in Agua de Bueyes
28. Februar

März
Karneval
Rund drei Wochen dauert der Karneval in der Inselhauptstadt Puerto del Rosario. Ein Höhepunkt ist der Maskenball Verbena de las Sábanas, bei dem sich Männer als Frauen verkleiden. Sonntag vor Karnevalsmontag Umzug (am frühen Abend).
Anfang März

April
San Vicente Ferrer
Religiöses Fest in Villaverde
1. Sonntag nach Ostern

»Landwirtschaftsmesse«
Auf dem Versuchsgut an der Straße nach Pozo Negro; Folklore und Wettbewerbe im Ziegenmelken.
Ende April

Mai
Nuestra Senora de Fatima
Patronatsfest in La Asomada und in La Lajita
13. Mai

San Isidro
Fest zu Ehren des Schutzherrn der Landwirtschaft in Triquivijate; die Kirmes zum Fest wird am 2. Augustsonntag nachgefeiert.
15. Mai

Juni
Nuestra Senora de la Salud
Patronatsfest in Tuineje
3. Sonntag im Juni

San Juán
Patronatsfeste in Vallebrón, Morro del Jable, El Matorral, Ajuy und Tiscamanita
24. Juni

San Pedro
Patronatsfest in Las Playitas und Guisguey

Juli
San Buenaventura
Feier zu Ehren des ersten Kirchenheiligen. Mit einer bunten Prozession, in der die Fahne der Conquista getragen wird, erinnert man in Betancuria an die Eroberung durch die Spanier.
14./15. Juli

Fiesta Nuestra Senora del Carmen
Feste zu Ehren der Schutzpatronin der Fischer und Seeleute; in Puerto del Rosario, Morro del Jable, Caleta de Fustes, Corralejo und Giniginamar. Prozessionen, auch mit Booten, in Morro del Jable und Corralejo.
16. Juli

August
Virgen de la Peña
Patronatsfest in Vega de Rio de las Palmas
5. August

Nuestra Senora de la Concepcion
Patronatsfeste in Llanos und in Tindaya
15. August

Feste und Festspiele

Nuestra Senora de Regla
Pilgerwallfahrt nach Valle Sta. Inès
24. August

September
Nuestra Senora de la Antigua
Patronatsfest in Antigua
8. September

Virgen de la Peña
Die größte Wallfahrt der Insel, an der sich auch zahlreiche Jugendliche beteiligen. Der wichtigste Pilgerzug wandert von La Antigua zum Festplatz in Vega de Rio. Die Fiesta zu Ehren der Schutzheiligen der Insel findet am 3. Wochenende des Monats statt.

San Miguel
Feste in Tuineje und Morro del Jable zu Ehren des Schutzheiligen
29. September

Oktober
Fiesta Nuestra Senora del Rosario
Das größte Patronatsfest der Insel in Puerto del Rosario
7. Oktober

Fiesta Jurada de Tamacite
In Tuineje wird der Kampf der Majoreros gegen englische Piraten gefeiert.
13. Oktober

San Pedro de Alcántara
Patronatsfest in Ampuyenta
19. Oktober

November
San Diego de Alcalá
Fest in Gran Tarajal zu Ehren des wundertätigen Franziskanermönchs, der für Regen gesorgt haben soll. Woche der Jugend
13. November (Eine Woche später findet ein Fest zu Ehren des Heiligen in Betancuria statt)

Fiesta del Agua
Großes rituelles Fest in Tetir zu Ehren des »Regenheiligen«
St. Andreas
30. November

Dezember
Inmaculada
Mit viel Pracht wird das Patronatsfest in Betancuria begangen.
8. Dezember

Christmette
Spektakuläre Weihnachtsfeste in Tiscamanita und Antigua, an denen Hunderte von Menschen teilnehmen. Zahlreiche Tanz- und Folkloregruppen umrahmen das Fest musikalisch. Wichtigstes Instrument ist auch hier die Timple, das typische kanarische Zupfinstrument.

Der Besondere Tip

Artesania Der größte Kunst- und Handwerksmarkt der ganzen Insel, Kunstausstellungen und Treffen von Folkloregruppen in der Lucha Canaria-Arena in Antigua. Alle Kanarischen Inseln präsentieren sich mit ihrer Handwerkstradition. 29. Mai (Plakate beachten!)

Feste und Festspiele

Die folkloristischen Trachten gehören zu jeder Fiesta

DER NORDEN: CORRALEJO

Für viele Urlauber bedeuten die langen weißen Sandstrände bei Corralejo das Paradies im Atlantik. Nirgends kommen Badefreunde mehr auf ihre Kosten.

Seinen einstigen Charakter als verschlafener, abgelegener Ort hat Corralejo längst abgestreift: Noch vor wenigen Jahren, so schrieb in den fünfziger Jahren ein Schriftsteller namens Ignacio seiner Familie in Nordspanien, hätten die Fischer von Corralejo »nicht für alles Gold der Welt, selbst wenn es von einem gran caballero (einem reich gewordenen Immigranten aus Peru) geboten würde«, ihr Boot verkauft. Damals waren die Straßen noch nicht gepflastert, es gab kein Telefon, kein elektrisches Licht, noch nicht einmal eine Zeitung.

Aus den Sandwegen sind inzwischen Asphaltstraßen geworden, und am Strand in der winzigen Dorfbucht werden längst keine Fischerboote mehr an Land gezogen – nicht einmal die Surfer dürfen hier mehr über die flachen Wellen gleiten. Entlang des Wassers entstehen Promenaden, und in der neuen Ortsmitte lockt der gepflasterte Marktplatz mit Souvenirgeschäften und Eisläden. Eukalyptusbäume spenden Schatten – doch Betrieb ist hier freilich ohnehin erst am Abend, wenn die Urlauber aus den umliegenden Apartmentdörfern zum Flanieren ins Dorf kommen. Das ehemalige Fischerdorf gehört zu den lebendigsten Orten der Insel. Das Zentrum ist ganz in der Hand von geschäftstüchtigen Spaniern, lebensfrohen Engländern und fröhlichen Deutschen. Das Angebot an Bars, Kneipen und Restaurants ist groß – und Nepp leider weit verbreitet. Hochhäuser sieht man hier noch keine.

Corralejo
■ E 1

Kilometerlange weiße Strände

Rund um das alte Corralejo wächst die neue Urbanisation heran. Berühmt ist der Ort wegen seiner weiten Sandstrände, die hinter dem Dorf beginnen und sich viele Kilometer lang, bis zum 312 Meter hohen **Montaña Roja**, hinziehen. Spazieren Sie einfach mal drauflos – es lohnt sich. Ein zweites Wunder der Natur ist die wüstenähnliche Landschaft von **El Jable** (nicht zu verwechseln mit dem gleichnamigen großen Wüstengebiet im Süden der Insel, für das wir einen Touren-Tip ausgearbeitet haben: → Routen und Touren), 5 Kilometer vom Ort entfernt. Corralejo ist auch Ausgangspunkt für Fahrten nach **Lanzarote** und zur Nachbarinsel **Lobos** (→ Routen und Touren).

DER NORDEN: CORRALEJO

Hotels und andere Unterkünfte

Corralejo
Ältestes Hotel des Ortes, direkt an der Bucht und im Dorfzentrum; einfache Zimmer mit Blick zum Meer.
Calle Colón, 12
Tel. 86 62 28
16 Zimmer
Mittlere Preisklasse

Hoplaco
Diese beliebte Apartmentanlage, 1967 erbaut, fällt vor allem wegen ihres wunderschönen grünen Innenhofes auf, in dem hohe Palmen viel Schatten spenden. Die meisten Apartments wurden im letzten Jahr verkauft und gehören nun Privatpersonen; daher ist die Einrichtung sehr unterschiedlich. Wer nicht in einem »genormten« Zimmer am Ortsrand wohnen möchte, sondern es individuell liebt, der ist hier richtig. Ein weiterer Vorteil von »Hoplaco« ist die gute Lage direkt an der feinsandigen Strandbucht.
Calle General Franco, 45
Tel. 86 60 40
25 Apartments
Mittlere Preisklasse

Oliva Beach
Direkt am Sandstrand gelegenes Hotel der gehobenen Mittelklasse, vor allem bei jüngerem Publikum beliebt. Swimmingpool mit grüner Terrasse. Mit der notwendigen Renovierung der dürftig eingerichteten Zimmer wurde 1992 begonnen; das liebenswürdige Personal im Speisesaal entschädigt jedoch für manche Mängel in der Ausstattung. Die Frühstücks- und Abendbuffets zeichnen sich durch besondere Vielfalt und Fülle aus: Hier muß niemand hungrig zu Bett gehen! Beim Buchen sollte man darauf achten, daß die Zimmer nicht zur Nordseite liegen, da man dort fast den gesamten Tag über Schatten hat.
Carretera Grandes Playas de Corralejo
Tel. 86 61 00, Fax 86 61 54
400 Zimmer
Mittlere Preisklasse

Die weißen Strände von Corralejo laden zum Spazierengehen ein

DER NORDEN: CORRALEJO

Tres Islas
Nach einer umfangreichen Renovierung, die 50 Millionen Mark gekostet haben soll, zählt dieses Hotel nun wieder zu den besseren Adressen – nicht nur, was die Lage direkt am langen Strand betrifft. Aber die Einrichtung der Zimmer, die Bäder und die Lobby werden dem Anspruch, »erstes Haus am Platz« sein zu wollen, dennoch nicht gerecht. Von beispielhafter Arroganz zeigen sich die Kellner in der Pianobar. Immerhin sind die Zimmer klimatisiert, und in der weitläufigen Anlage gibt es auch ein Shopping- und ein Sportzentrum.
Carretera Grandes
Playas de Corralejo
Tel. 53 58 00 und 53 57 00
Fax 53 58 58
325 Zimmer, 40 Suiten
Luxusklasse

Essen und Trinken

Avelino
Ein beliebter Treffpunkt der Einheimischen. Große Auswahl an Tapas. Terrasse zur Straßenseite.
Calle General Franco (Zentrum)
Mittlere Preisklasse

Casa Juan
Erstklassige Fischküche und eine gute Weinkarte sichern der Casa Juan seit Jahren die Stammkundschaft.
Calle General Linares, 5
Tel. 86 62 19 (Reservierung nötig)
Obere Preisklasse

Marquesina
Zuerst gab es nur einen kleinen Gastraum – inzwischen wurde angebaut, damit all die Wartenden Einlaß finden. Das Restaurant an der Bucht ist trotz kleinerer Mängel – fehlerhafte Abrechnungen, überarbeitete Kellner – immer wieder empfehlenswert, vor allem die großen Fischplatten.
Calle El Muelle
Tel. 53 54 35
Tgl. ab 11 Uhr
Mittlere Preisklasse

Los Braseros
Fleisch vom Holzkohlengrill ist die Spezialität in diesem »Steakhouse«, das stets gut besucht ist.
Hernan Cortes, 9
Tel. 53 53 58
Tgl. ab mittags geöffnet
Mittlere Preisklasse

Lohnt: ein Einkaufsbummel in den Gassen Corralejos

DER NORDEN: CORRALEJO

Los Pinchones
Abseits des Ortes und nur über eine staubige und steinige Piste erreichbar liegt diese Hütte bei Caleta Riego. Es gibt einfach zubereiteten Fisch und, solange der Vorrat reicht, gebratenes Ziegenfleisch. Das Lokal erkennt man am 7up-Schild.
Unregelmäßig geöffnet
Untere Preisklasse

El Patio
Nettes Restaurant mit Innenhof. Fleischspezialitäten vom Grill.
Lepanto, 6
Tel. 86 66 68 (Reservierung nötig)
Tgl. 18–23.30 Uhr
Mittlere Preisklasse

Pajaro Chino
Gutes chinesisches Restaurant mit einer funktionierenden Klimaanlage. Wer einmal vom Einerlei der Fischküche pausieren möchte, ist hier richtig.
Los Barqueros
Tel. 86 62 50
Tgl. ab 12 Uhr
Mittlere Preisklasse

Pizzeria Willy's
Die Adresse für alle, die Heimweh nach deutschem Filterkaffee und Kuchen haben. Hin und wieder gibt's auch Hausmannskost.
Muelle, 4 (an der Bucht)
Tel. 86 60 18
Tgl. ab 10 Uhr
Mittlere Preisklasse

La Rampa
Manchmal würde es sich lohnen, einen Tag lang zu fasten, um dann hier die herzhafte spanische Küche zu genießen – doch leider ist die Kochkunst in diesem feinen Restaurant Schwankungen unterworfen. Argentinische Rinder liefern die Grundlage für die sättigenden Fleischgerichte.
Primo de Rivera
Tgl. 12–24 Uhr
Tel. 53 54 44 (Reservierung nötig)
Mittlere Preisklasse

Sotavento
An der Promenade gelegen. Wer will, kann auch im Freien sitzen. Spezialitäten sind Fisch- und Muschelgerichte.
Avda. Maritima
Tgl. ab 12 Uhr
Tel. 53 54 89
Mittlere Preisklasse

Viele Einwohner leben vom Souvenirverkauf

DER NORDEN: CORRALEJO

Einkaufen

Alle Bungalowanlagen und Hotels verfügen über **Souvenirgeschäfte** und **Supermärkte**. Im Zentrum von Corralejo, an der Avenida Generalissimo, gibt es einige **Boutiquen**. Das anspruchsvollste Kunst- und Souvenirgeschäft des Ortes heißt **Galeria de Arte No. 2**, Calle Anzuelo, 5. An der Calle Marina, 10 findet man den Bootsbauer Pierre Estaban.

Am Abend

Das Angebot beschränkt sich auf wenige Bars und Bierkneipen, die zwar nichts Außergewöhnliches bieten, in der Regel aber gut besucht werden. Die meisten Hotels verbieten allabendlich ein Unterhaltungsprogramm. Nachtschwärmer zieht es in **Freddy's Disco** (am Wochenende ab 22 Uhr) oder ins moderne **Cheops**.

Service

Apotheke
Soto Velázquez
Calle El Barco
Tel. 86 60 08

Ärzte
Deutscher Zahnarzt
Dr. Scharping
Avda. Generalissimo, 27
In diesem Haus befindet sich auch die Praxis eines deutschen Allgemeinarztes:
Tel. 53 71 74
Notfälle: Tel. 53 52 76

Autovermietung
Autos Estupinan/diauto
Avda. del Generalissimo, 18
Tel. 86 60 48
Autos Munich
Avda. del Generalissimo, 10
Tel. 86 40 41

Faycan
Avda. del Generalissimo, 46
Tel. 86 62 56

Bus
Nach Rosario tgl. um 7, 9.30, 12, 15 und 17 Uhr

Fahrräder
Vulcano Biking
Arorazado España, 10
Mo–Sa 10–13 und 17–21 Uhr
Mietpreis pro Tag 1 200 Ptas, Mountainbike ab 2 200 Ptas
(Paß nicht vergessen)
La Palmera
Avda. Generalissimo
Tel. 86 66 77
Fahrrad pro Tag 500 Ptas

Polizei
Avda. Maritima, 2
Tel. 86 61 07

Schiffsverbindungen
Nach Lanzarote (Playa Blanca): mehrere Abfahrten tgl.
Tel. 81 25 34 und 51 75 50
Tagesausflug nach Lobos: mit dem Glasbodenboot »El Majorero«: Abfahrt tgl. 10 Uhr, nachmittags gegen 16 Uhr zurück; Preis ca. 1 000 Ptas. Zum Hochseeangeln fährt tgl. um 8.30 Uhr ein Boot; ca. 4 500 Ptas
Tel. 86 61 73

Surfen
Das Meer zwischen Corralejo und Lobos bietet gute bis ausgezeichnete Surfbedingungen; es gilt als Gebiet für Könner. Auch für Schnorchler und Taucher ist das Küstengebiet von Lobos ein Erlebnis. Beim Hotel »Tres Islas« befindet sich das »Windsurf-Center«.

Taxi
Tel. 86 61 08 und 86 60 14
Eine Fahrt zum Flughafen kostet etwa 3 500 Ptas.

Ausflugziele
Caleta del Cotillo ■ D1

Das kleine Dorf hat sich seinen guten Ruf als Dorado für Brandungssurfer erworben – und es gilt aber auch, wenngleich mit Einschränkungen, als »kulinarisches« Ziel. Rund ein Dutzend Restaurants stehen mittlerweile in heftiger Konkurrenz, was dem Frieden in dem 400 Einwohner zählenden Ort nicht immer dienlich ist.

An der Küste, in Richtung des »Feuerturms von Tostón«, wird seit Jahrzehnten an der Fertigstellung eines Feriendorfes gearbeitet. Wandert man am **Castillo de Rico Roque** vorbei, einem Rundturm, der um 1743 erbaut wurde, gelangt man zu den breiten Sandstränden unterhalb der langgestreckten Steilküste. Achtung: Wegen der starken Strömung sollte man hier nicht zu weit hinausschwimmen! Für ein Picknick in malerischer Umgebung sind die Badebuchten aber geradezu ideal.

Hotel

Apartamentos Juan Benitez
Für Individualisten und Surfer eignet sich das kleine Apartmenthotel im Dorf besonders. Die Zimmer sind praktisch eingerichtet, verfügen z.T. über eine eigene Küche und eine geräumige Terrasse. Zum Haus gehört ein beheiztes Schwimmbad.
Tel. 76 04 52
12 Apartments
Mittlere Preisklasse

Essen und Trinken

Casa Chano
Das Restaurant ist besser bekannt unter dem Namen seines Besitzers Juan. Die Auswahl an einheimischem Fisch ist groß, ebenso an Vorspeisen aus der Salatbar. Durch die offene Küche können Sie beobachten, wie der Fisch, den Sie ausgesucht haben, zubereitet wird. Am häufigsten serviert man bei Juan aber Paella. Sein guter Ruf ist dem Besitzer allerdings ein wenig zu

1743 erbaut: Rundturm Castillo de Rico Roque

DER NORDEN: CORRALEJO

Kopf gestiegen; die Familie hat sich aus dem Unternehmen inzwischen zurückgezogen.
Tel. 53 85 04
Tgl. ab 11.30 Uhr, Mo geschl.
Mittlere bis obere Preisklasse

Marismas
Anspruchsvoll aufgemachtes Restaurant, in dem man Wert auf schmackhafte, sorgfältig zubereitete Fischgerichte legt. Großer Speisesaal, kleine Bar.
Tel. 53 85 43
Tgl. 10.30–23 Uhr
Mittlere Preisklasse

Bar Playa
Hier kochen noch Frauen aus dem Dorf; Paella und die Fischgerichte schmecken vorzüglich. Fragen Sie nach den Tagesspezialitäten.
Tgl. außer Mo
Untere Preisklasse

La Oliva ■ E 2

Am Fuße des spitzen Vulkans »La Oliva« liegt das gleichnamige Dorf. Nicht weit vom Ort entfernt erhebt sich der Sandberg **Montaña Arena** aus der erkalteten Lava. Im 17. Jh. diente La Oliva dem Militär als wichtiger Stützpunkt, eine Tatsache, die dem Ort zu Wohlstand verhalf.

Zwei Sehenswürdigkeiten lohnen einen Besuch: die **Casa de los Coroneles** und die Kirche **Nuestra Senora de Candelaria**. Das Haus der Obristen hat angeblich 365 Türen und Fenster; es stammt noch aus einer Zeit, als ein Teil der Insel Privateigentum der **Senores** war, jener Familien, die von den spanischen Eroberern abstammten. Die Casa, die freilich auch nach mehrmaligem sorgfältigen Zählen keine 365 Fenster- und Türöffnungen aufweist, wurde inzwischen renoviert; sie kann aber nicht besichtigt werden. Dieses bedeutendste profane Bauwerk der Insel wurde in der letzten Hälfte des 17. Jh. von der Familie Cabrera Béthencourt erbaut. Es gilt als größter Gutshof der Kanaren. Vor allem die zahlreichen hölzernen Fensterläden und die offenen Balkone, ebenfalls aus Holz, fallen ins Auge. Das Portal schmückt ein Wappen.

Unweit des Obristenhauses befindet sich die fast verfallene **Casa de Caplan**. Auffallend an dem einstöckigen Haus sind das hölzerne Dach – und die Steinmetzarbeiten an den Fenstern: Die Figuren erinnern an südamerikanische Indianerarbeiten. Ein Jammer: Das Innere

Die Casa de los Coroneles in La Oliva

DER NORDEN: CORRALEJO

Karge Landschaft am Fuße des Vulkans: ausgetrocknetes Flußbett bei La Oliva

des architektonisch interessanten Hauses wird heute als Müllkippe benutzt. Wann endlich mit den Restaurierungsarbeiten für das ehemalige Pfarrhaus begonnen wird, steht leider immer noch in den Sternen...

Mit der ebenfalls notwendigen Renovierung der dreischiffigen Kirche **Nuestra Senora de Candelaria** dagegen – erbaut Ende des 17. Jh. – ist man inzwischen schon ein gutes Stück vorangekommen.

Einen kleinen Abstecher lohnt das Örtchen Caldereta westlich von La Oliva mit einigen schönen Beispielen traditioneller Architektur.

Museum

Centro de Arte Canario
Ende 1992 wurde auf eine Privatinitiative hin das einzige Museum für moderne Kunst auf Fuerteventura eröffnet; es liegt an der Straße vor dem Haus der Obristen. Ausgestellt werden Arbeiten von zeitgenössischen Künstlern der Kanaren. Im Garten stehen mehrere Skulpturen. Eine kleine Buchhandlung offeriert eine große Auswahl an Kunstliteratur.
Tgl. 9–17 Uhr, So geschl.
Eintritt 500 Ptas

Lajares ■ E 1

An der Straße zwischen La Oliva und Cotillo liegt der Weiler Lajares, bekannt durch die dreistöckige Windmühle – und vor allem durch den Kunsthandwerksladen **Artesania Canaria**. In dem Geschäft fertigen Frauen die berühmten kanarischen Stickereien. Daneben gibt es aber auch Korbarbeiten, Strohhüte, Krüge, Schalen und Figuren aus Ton zu kaufen; außerdem natürlich Postkarten und viele Dinge des internationalen Souvenirhandels.

TOPTEN 3

Monumento Unamuno ■ D 2

Unterhalb des Vulkangipfels **Montaña Quemada** steht das monumentale Denkmal des baskischen Schriftstellers Miguel de Unamuno y Ugo, der 1924 auf der Insel im Exil lebte. Für den Dichter war Fuerteventura »eine Oase in der Wüste der Zivilisation«. Unamuno hatte als Rektor der Universität von Salamanca Kritik an der Militärdiktatur Primo de Riveras geübt und sich in seinen Werken um die geistige Erneuerung Spaniens bemüht. Sein Engagement brachte ihm die viermonatige Verbannung ein.

Das Denkmal wurde bereits 1970 aufgestellt, aber erst nach dem Tod Francos eingeweiht. Einige Berühmtheit erlangte der Dichter und Denker mit seinen Werken »Frieden im Krieg«, »San Manuel der Gute« und »Nebel«.

Parque Hollandes ■ E 2

Dieses weitläufig angelegte **Feriendorf** zwischen Corralejo und Rosario kann als rundum gelungen bezeichnet werden. Auf einer Gesamtfläche von 3,5 Mio. qm wurden architektonisch durchdachte, interessant gestylte Bungalows gebaut, die auch wegen ihrer geschmackvollen Einrichtung und großzügigen Raumaufteilung angenehm auffallen. Der **Parque Hollandes**, an dem immer noch gebaut wird, wurde vom spanischen Tourismusministerium bereits mit den Prädikaten »hervorragend« und »zukunftsweisend« ausgezeichnet.

Die weißen Bungalows und Apartmenthäuser, die in einer weiten Parkanlage stehen, gehören großenteils Privatleuten, die sie wochenweise vermieten. Es gibt einen arkadenumsäumten Marktplatz mit Geschäften und Restaurants, ein Swimmingpool fehlt natürlich auch nicht. Ein Nachteil der Anlage ist allerdings, daß sie etwa 9 km vom Meer entfernt liegt, genauer gesagt, vom Strand bei Corralejo.

Unweit von Parque Hollandes entsteht derzeit direkt zwischen Straße und Felsenküste ein weiteres Feriendorf: **Puerto Ventura**. Geplant ist eine Anlage mit 7 000 Betten. 1992 wurden die Arbeiten an diesem Superprojekt jedoch vorübergehend eingestellt – angeblich fehlt es an Geld...
Parque Hollandes
Apartado, 102
Tel. 86 80 51
Fax 86 80 79
Obere Preisklasse bis Luxusklasse

Tefia ■ D 2

Das langgestreckte Dorf liegt im Schutz einer Bergkette, dessen höchster Gipfel, der **Cuchillos**, 625 m mißt. Hinter den alten, verfallenen Häusern erkennt man eine weiße Kapelle, die San Augustin geweiht ist und 1773 erbaut wurde. Um die Kirche verläuft eine hohe, ebenfalls weiß gekalkte Mauer, und direkt daneben befindet sich ein großer Sportplatz, auf dem auch die kanarischen Ringkämpfe, die **lucha canaria**, ausgetragen werden.

Die Inselregierung plant, die alten und z. T. in sehr schlechtem Zustand befindlichen Bauernhäuser mit Hilfe finanzieller Zuschüsse der EG zu restaurieren. In ferner Zukunft soll dann hier eine Art kanarisches **Freilichtmuseum** Besucher anlocken.

Eine andere »Sehenswürdigkeit« in Tefia können Sie im Lokal **Los Mariscos** bewundern: den längsten Bartresen der Insel!

Nicht weit von Tefia Richtung Puertito de Los Molinos kommen Sie durch das Dorf **Colonia García Escamez**. Von hier aus kann man einen Spaziergang zum nahegelegenen Stausee **Embalse de Los Molinos** machen, dem größten Stausee Fuerteventuras. Die karge Landschaft ist auch bei Hobby-Ornithologen beliebt, die zur Vogelbeobachtung hierherkommen.

Eine gut ausgebaute Straße führt weiter nach **Puertito de Los Molinos**. An der weithin sichtbaren Gofiomühle kann man nach rechts abbiegen und gelangt so zum Handwerkshaus **Escuela-Taller** (unregelmäßig geöffnet). Ansonsten bleiben Sie einfach auf der Hauptstraße, fahren an der Siedlung **Las Paracelas** vorbei – und finden sich bald darauf inmitten einer Landschaft von atemberaubender Wildheit.

Am Ende der Route wartet das kleinste Fischerdorf der Insel. Die Fischer sind freilich längst fortgezogen; Leben kehrt in den zwei Dutzend Häusern nur am Wochenende oder in den Ferien zurück. Es gibt eine kleine Bar, die aber nicht immer geöffnet ist.

Der Strand ist schwarz, mit heller Erde durchsetzt. Eine Felsenbarriere verhindert, daß die Wellen des Atlantiks ungehindert heranrollen; so können hier auch Kinder gefahrlos baden.

Am Ende der ausgebauten Straße windet sich ein ausgetretener Pfad an einer alten Kalkmühle vorbei zum Hochplateau. Der Blick von dort – oben über das Meer und die Karstlandschaft – ist wunderschön. Wer sich umsieht, entdeckt einige Hausruinen aus der vorspanischen Zeit.

Tindaya ■ D 2

Inmitten der Savannenlandschaft gelegen, gilt Tindaya als **Siedlungsgebiet der Altkanarier**, der **Montaña Tindaya** als ihr heiliger Berg. Auf dem 401 m hohen Vulkanrest, dessen Hänge durch Eisenoxide rot verfärbt sind, sollen sie ihren Göttern geopfert haben.

Bisher wurden einige Funde aus der Epoche der Altkanarier sichergestellt – man entdeckte Tonscherben und Felsgravuren. Aber das große Geheimnis, wer diese Menschen waren, woher sie kamen und warum sie sich so schnell mit den Spaniern assimilierten, muß erst noch gelöst werden.

Sollten Sie eine **Wanderung** auf den »heiligen Berg« geplant haben, denken Sie daran, festes Schuhwerk, Sonnenhut und -creme sowie reichlich Trinkwasser mitzunehmen. Der Aufstieg dauert zwar nicht lange, ist aber anstrengend und für Ungeübte recht schwierig. Sind Sie aber erst einmal oben angelangt (ca. 90 Min. von Timanfaya aus), bietet sich Ihnen ein schöner Blick, bei klarer Sicht bis nach Lanzarote. Und wenn Sie die Augen offenhalten, werden Sie die in den Fels gehauenen Guanchenzeichnungen bewundern können (→ Routen und Touren).

Fährt man die ausgebaute Straße weiter Richtung Küste, wird man zwangsläufig Zeuge, was Spekulanten anrichten können: Noch einige Kilometer lang begrenzen Straßenlaternen den Weg – und dann warten große Parkplätze und zwei Musterhäuser auf den Ausflügler: Monumente des unbekannten Spekulanten...

Am Strand von Corralejo können Kinder unbekümmert spielen

Der Norden: Puerto del Rosario

Der Hafenort macht eine späte, aber steile Karriere als Inselhauptstadt. Überall wird heute gebaut und gestrichen, werden schattige Plätze angelegt.

Die Stadt, in der etwa 18 000 Einwohner leben, ist der wichtigste Handels- und Fährhafen der Insel. Zögernd, ja fast widerwillig hat sich die Hauptstadt der einst ärmsten Insel der Kanaren aus einer langjährigen Lethargie befreit. Die unvorstellbare Wirtschaftsblüte, die vielen Einwohnern Wohlstand und der Insel das beste Straßennetz der Kanaren beschert hat, wird nun auch in dem einst so trostlosen Rosario sichtbar.

Puerto del Rosario, »Hafen der Rosenkranzmadonna«, das bis 1956 allerdings den wenig schmeichelhaften Namen **Puerto de Cabras**, also »Ziegenhafen«, trug, ist inzwischen aus seinem Dornröschenschlaf erwacht: Ein Verschönerungswettbewerb ist ausgeschrieben, die Bürgersteige werden verbreitert, man pflanzt Palmen und Tamarisken, Geranien und Hibiskus, legt Promenaden an und restauriert die Häuser: Die Stadt ist bemüht, von ihrem negativen Image fortzukommen. An der Hafenpromenade entsteht ein neues Vergnügungsviertel, und in der **Casa Cultura** kann der spanischsprechende Gast vom Kulturangebot profitieren.

Puerto del Rosario
■ E 3

Prunkvolle Stadtpaläste und eindrucksvolle Kirchen sind es freilich nicht, die das Interesse der Besucher wecken. Rosario, Hauptstadt der Insel seit 1860, ist ein Ort ohne erkennbares Merkmal – sieht man einmal von den Soldaten der spanischen **Fremdenlegion** ab, die mit ihren grünen Uniformen und recht naßforschem Auftreten das Straßenbild bestimmen. 1976, nach Aufgabe der Westsahara, wurde die Söldnertruppe der Abenteurer aus aller Welt nach Fuerteventura verlegt. Die rauhbeinigen Männer waren zeitweise der Schrecken von Einheimischen und Touristen. Inzwischen ist jedoch mit dem teilweisen Abzug der Legionäre begonnen worden.

Rosario ist nicht nur »Verbannungsort« für die Legionäre, auch Diktator Franco schickte unliebsame Kritiker hierher, ebenso wie der sozialdemokratische Ministerpräsident Felipe González. Spaniens berühmtester Verbannter war 1924 Miguel de Unamuno: Der Romancier und Rektor der Universität von Salamanca lebte vier Monate in Rosario. Sein Denkmal steht an der Straße bei Tindaya.

DER NORDEN: PUERTO DEL ROSARIO

Spaziergang

Das Stadtgebiet ist recht weitläufig, und so muß man gut zu Fuß sein, um sich einen Überblick zu verschaffen. Den Spaziergang beginnt man an der **Avda. de los Reyes de España**. An der Promenade mit Meerblick stehen einige kleinere Kioske, laden Bänke unter Platanen zur Rast ein. Ein beliebter Treffpunkt ist die Bar **Las Paraguitas**; ein gewaltiger Gummibaum schützt die Gäste vor zuviel Sonne. Hier trinken Fischhändler und Losverkäufer ihren Brandy (neben den beiden angrenzenden Fischläden gibt es übrigens – auch nicht unwichtig – ein sauberes öffentliches WC). Man spaziert die Avenida entlang, vorbei an einem leeren Hotel-Giganten, und erreicht bald die **Dominguez Pena**. Dort beginnt der mit Stacheldraht umzäunte und schwer bewachte Komplex der **Fremdenlegion**. Von 4 500 Soldaten, die hier bis vor drei Jahren stationiert waren, sind heute nur noch rund 1500 der 3. Legion »Juan de Austria« übriggeblieben. Der monumentale Eingang zur Kaserne zählt zu den wenigen Sehenswürdigkeiten der Stadt. Das Fotografieren der Anlage und der Legionäre sollte man allerdings lieber unterlassen – es könnte unangenehme Folgen haben. Von der Dominguez Pena biegt man dann ab in die **Calle de Juan de Austria**. Der Weg führt weiter an dem großen Militärkomplex entlang, an dessen Mauern sich zahlreiche Wellblechhütten befinden. Zum Teil werden sie noch von Frauen und Kindern der Söldnertruppe bewohnt, viele sind bereits verlassen.

Anschließend führt unser Weg über die **Avda. Manuel Vazquez Cabrerra** und die **Avda. 1° de Mayo** zum Stadtzentrum und der Kirche. Hier befinden sich Banken, die Post und das Büro für Tourismus; einige Einkaufsstraßen geleiten in die äußeren Bezirke. Die Straße Rosario führt an der kleinen Markthalle vorbei, um schließlich wieder auf die **Avda. de los Reyes**

Wohnen mit Blick auf das Wasser und die Stadt: Parador Nacional

Der Norden: Puerto del Rosario

de España zu treffen. Dort stehen zahlreiche kleinere Bars, in denen man Menüs und Tapas essen kann. Typisch sind **De Escobar**, **La Quadra**, **Paco's Bar**, **Suramerica** und **La Rampa**.

Hotels

Hostal Tamosite
Einfaches Stadthotel, in dem auch viele Saisonarbeiter wohnen.
León y Castillo, 9
Tel. 85 02 80
16 Zimmer
Untere Preisklasse

Parador Nacional
Obwohl das Äußere des staatlichen Tourismushotels eher an eine Polizeikaserne erinnert als an ein Übernachtungsunternehmen, bleibt es die einzige einigermaßen empfehlenswerte Adresse der Stadt. Vor allem Geschäftsleute steigen hier ab. Der Parador Nacional verfügt über einen Garten mit Schwimmbad; die Küche des Hauses verdient ein Lob. Spezialität auch hier: gebratenes Ziegenfleisch.
Playa Blanca (an der Straße zum Flughafen)
Tel. 85 11 50
50 Zimmer
Mittlere Preisklasse

Essen und Trinken

Benjamin
Hier versucht der Koch eifrig, der schweren kanarischen Küche einen leichten Pfiff zu geben. Die Atmosphäre ist etwas unterkühlt.
León y Castillo, 137
Tel. 85 17 48
Mittlere Preisklasse

La Cabra
Alteingesessener Restaurantbetrieb. Gerichte mit Ziegenfleisch

Die kleine Kirche Virgen del Rosario wird von Olivenbäumen umrahmt

sind Spezialität.
Guadiana, 27 (Los Pozos)
Kein Telefon
Mittlere Preisklasse

El Granero
Wenn Sie einmal keine Lust auf Ziegenfleisch verspüren, wohl aber auf ein gutes argentinisches Steak, sind Sie mit dieser Adresse gut beraten. Die Atmosphäre ist beinahe elegant zu nennen, die Bedienung zuvorkommend und die Weinkarte außergewöhnlich vielseitig.
Calle Alfonso Patallo, 8
Tel. 85 14 53
Mittlere Preisklasse

Lanzarote
In diesem gemütlichen Lokal wird das beste **estofado** der Insel serviert. Ein Geheimtip der Einheimischen.
La Pesca, 26
Tel. 85 00 20
Mittlere Preisklasse

Der Norden: Puerto del Rosario

Maso
Das Lokal liegt etwas außerhalb im Stadtteil El Charco und ist das Ziel vieler Stammgäste. Große Auswahl an sorgfältig zubereiteten Fisch- und Fleischspezialitäten.
Comandante Diaz Trayter, 24
Tel. 53 16 37
Mittlere Preisklasse

Service

Apotheken
González Rosales
Calle 1 de Mayo, 43
Tel. 85 01 11
Sánchez Velázquez
Calle Fernández Castaneyra, 17
Tel. 85 01 97

Auskunft
Patronato de Turismo
Calle 1 de Mayo, 33
Tgl. 9–13 Uhr
Tel. 85 10 24

Bus
Transportes Fuerteventura
Tel. 85 09 51
Die Bushaltestelle befindet sich an der Kirche. Fahrpläne erhält man im Tourismusbüro.

Flugverbindungen
Iberia-Stadtbüro
Calle 23 de Mayo, 9–10
Tel. 81 04 27
Flughafen
Tel. 85 08 52
Auskunft über Flugzeiten
Tel. 85 12 50

Guardia Civil
Calle 23 de Mayo, 16
Tel. 85 11 00 und 85 05 03

Notruf
Tel. 0 91

Post
Calle 1 de Mayo, 44
Tel. 85 04 12
Tgl. 9–13 Uhr, So geschl.

Schiffsverbindungen
Ab Puerto del Rosario nach Arrecife/Lanzarote, nach Las Palmas de Gran Canaria
Transmediterranea
Leon y Castillo 58
Tel. 85 08 77

Stadtpolizei
Calle Fernández Castaneyra
Tel. 85 05 03

Taxi
Standplätze an der Kirche und Avda. Maritima
Tel. 85 02 16 und 85 00 59

Der Besondere Tip

Sonntagsmarkt von Antigua An jedem zweiten Sonntag von 10–16 Uhr veranstaltet der Kulturverein »Mafasca« auf dem Platz vor der Kirche einen Markt. Souvenirs, aber auch Ziegenkäse, selbstgebackenes Brot und getrockneter Fisch werden angeboten.

Ausflugziele

Antigua ■ D 3

Fast genau in der Inselmitte liegt dieses typische Bauerndorf mit 3 000 Einwohnern. Ein beliebtes Fotomotiv ist die Kirche der »Heiligen Jungfrau«, **Virgen de La Antigua,** an der Plaza Cruz de los Saidos: Sehenswert das Innere mit der hölzernen Mudéjar-Decke und dem Jüngsten Gericht – ein kolossales Gemälde. In der auffallend hellen Kirche sticht außerdem der in Pastellfarben ausgemalte Altar und die hölzerne Kanzel hervor.

Das einschiffige weiße Gotteshaus wurde 1785 vollendet und bestimmt das Gesicht des Ortsplatzes, der mit seiner üppigen Bepflanzung angenehm auffällt. Zwei kurze Jahre lang, 1834 und 1835, war der Ort Inselhauptstadt. Heute gilt er als **Zentrum des Brauchtums**. Am Ortsrand werden einige der alten, sehr sehenswerten Steinhäuser gerade renoviert.

Essen und Trinken

Casa Juan (Bar Plaza)
Das Augenfälligste in dieser Bodega ist ein Wandgemälde des Dorfmalers Paco Vera: Das naive, farbenfrohe Bild stellt in sehr phantasievoller Manier den südlichen Teil des Dorfes dar. Fisch- und Fleischtapas.
Tryllo, 16 (am Kirchplatz)
Tgl. geöffnet
Untere Preisklasse

La Flor de Antigua
Die Bauweise des 1992 eröffneten Restaurants fällt vollkommen aus dem Rahmen: Es wurde im Stil spanischer Herrenhäuser errichtet. Auch das Innere des Restaurants besticht durch seine angenehme Atmosphäre. Es gibt einen einfachen Raum mit einer Bar, an der sich vor allem Einheimische zum **café solo** und zum Gespräch treffen; ein helles, etwas größeres Restaurant – der Clou aber ist ein Séparée mit altspanischen Möbeln

Zentrum des Brauchtums: die kleine Stadt Antigua

Der Norden: Puerto del Rosario

Sehenswerte Orte und Ausflugsziele

In der fruchtbaren Gegend um Betancuria wachsen Palmen und Kakteen. Dort werden auch Tomaten angebaut

Der Norden: Puerto del Rosario

DER NORDEN: PUERTO DEL ROSARIO

SEHENSWERTE ORTE UND AUSFLUGSZIELE

und Spitzendecken. Es wird spanisch-kanarisch gekocht. Spezialitäten sind gebackener Thunfisch und Ziege.
Carretera á Betancuria, 43
Tel. 87 85 59
Tgl. außer Mo
Mittlere Preisklasse

Molino
Neben der Windmühle, die ihre Flügel längst verloren hat, steht dieses Restaurant, das wie ein großes Zirkuszelt aussieht. Der Rundbau aus dunklem Stein wurde von dem Lanzaroter Künstler Cäsar Manrique entworfen. Das Innere ist hell; man sitzt hier aber nicht nur sehr angenehm – auch das Essen ist gut und die Bedienung freundlich. Vor allem an Wochenenden kehren hier zahlreiche einheimische Familien ein. Spezialität sind Fleischgerichte, etwa Ziege.
Carretera del Sur, km 19
Tgl. 12-16 und ab 18 Uhr
Tel. 87 83 20 (Reservierung erforderlich!)

Betancuria ■ D3

Über eine serpentinenreiche Bergstraße erreicht man den geschichtsträchtigen Ort, der 1405 vom normannischen Landadeligen Jean de Béthencourt gegründet wurde.

Béthencourt, dessen Stammsitz die Burg Grainville in der Normandie war, hatte sich einen Namen gemacht, als er im Mittelmeer im Kampf gegen Seeräuber erfolgreich war. In Paris heiratete er die Tochter eines hohen Offiziers – und nachdem er bald darauf das Familienvermögen durchgebracht hatte, stellte man ihn kurzerhand vor Gericht. Um seine hohen Schulden bezahlen zu können, verkaufte er sein Haus in Paris, das Eigentum seiner Familie wurde verpfändet – und mit dem Rest des Geldes finanzierte Béthencourt eben jene Expedition nach Fuerteventura, nachdem er vom kastilischen König Enrique III. die Erlaubnis zur Eroberung erhalten hatte.

An den ersten Bischofssitz von Betancuria erinnert noch die **Kathedrale Santa Maria**, die seit 1987 sorgfältig restauriert wird. Überhaupt versucht die Inselregierung, die spärlichen Reste, die aus der kolonialen Vergangenheit erhalten geblieben sind, zu retten. **TOPTEN 10**

So ist inzwischen auch das alte, halbverfallene **Franziskanerkloster** an der Straße nach Antigua restauriert worden. Viele der Häuser im Ortskern – zum Teil weisen sie kunstvoll behauene Portale auf – stammen noch aus dem 17. Jh.

Bis 1834 war die heute nur noch 600 Seelen zählende Gemeinde **Hauptstadt** der Insel. Am Vormittag, wenn all die Reisebusse kommen, geht es im Dorf sehr hektisch zu, am Nachmittag aber ist es ruhig – oder, um es mit dem 1924 nach Fuerteventura verbannten spanischen Dichter Miguel de Unamuna auszudrücken: »Betancuria gleicht einer weißgetünchten Grabstätte nach einem vollendeten Leben«.

Ein Museumsdorf ist Betancuria dennoch ganz gewiß nicht, obwohl der Dorfkern im Herbst 1988 als **Conjunto histórico artístico** unter **Denkmalschutz** gestellt wurde. Eine kleine Gasse verbindet die zwei wichtigsten Sehenswürdigkeiten, die **Kirche** und das **Heimatmuseum**. Das restaurierte **Franziskanerkloster** liegt am Ortsrand.

DER NORDEN: PUERTO DEL ROSARIO

Die Ehrfurcht vor der Kathedrale Santa Maria fehlt noch bei den Kleinen

DER NORDEN: PUERTO DEL ROSARIO

Sehenswertes

Convento de San Buenaventura
Rund 350 m vom Dorfzentrum entfernt stehen die restaurierten Ruinen des ehemaligen Franziskanerklosters. Das Kloster, auf den Fundamenten einer alten Anlage von 1414 errichtet und 1593 während einer großen Brandschatzung durch Piraten zerstört, wurde 1836 aufgehoben und von den Bewohnern Betancurias dann als Steinbruch benutzt. Die Klosterkirche aus dem 17. Jh. weist einige gotische Bauelemente auf. Unweit der Ruine wurde eine Kapelle errichtet, die dem Heiligen San Diego de Alcalá geweiht ist.

Iglesia de Santa Maria
Die Kirche am Berghang wurde im 17. Jh. als dreischiffige Pfarrkirche erbaut. Sie steht am selben Platz, an dem die spanischen Eroberer einst die erste Kathedrale der Kanarischen Insel erbauten, die dann 1593 von algerischen Piraten zerstört wurde. In der Kirche sind gotische Bauelemente erkennbar; auffallend ist jedoch in erster Linie die wunderschöne Decke im Mudéjar-

DER BESONDERE TIP

Santuario Virgen de la Peña Fährt man die Straße in Richtung Pajara, so kommt man nach 5 km zum Dorf Vega de Rio Palmas. Im Dorf, direkt an der Durchgangsstraße, steht die Kirche **Santuario Virgen de la Peña**. Die Kirche, um 1666 erbaut, beeindruckt durch ihr Renaissance-Portal. Im dunklen Innern fällt sofort der antike Beichtstuhl ins Auge. Auch hier die typische Mudéjar-Decke, geschnitzt aus dem Holz der kanarischen Kiefer. Ein Prunkstück ist der reich vergoldete Altar mit seinen naiven Gemälden.

Mittelpunkt der Kirche ist jedoch eine kleine **Madonnenstatue aus Alabaster**: Man vermutet, daß der Eroberer Béthencourt die Marienfigur aus Frankreich mitgebracht hat. Anfangs soll sie in der Kirche von Betancuria gestanden haben, wurde dann aber vor algerischen Piraten versteckt und gelangte später nach Vega de Rio Palmas. Die gotische Figur gilt als **ältestes Madonnenbild** der Kanarischen Inseln. Auf einem Gemälde in der Kirche wird die Legende ihres Verschwindens und ihrer Wiederentdeckung erzählt. Nuestra Senora de la Peña gehört zu den am meisten verehrten Inselheiligen und ist Mittelpunkt einer großen **Wallfahrt** am dritten Wochenende im September. Die Kapelle der Virgen de la Peña findet man am Ende des weiten Oasentals. Um dorthin zu gelangen, biegt man von der Hauptstraße nach rechts ab und kommt so in das weite Tal, in dem noch Melonen, Zwiebeln und Kartoffeln angebaut werden. Zwischen Palmen gedeihen hier auch Mandarinen- und andere Zitrusbäume. ■ D 4

Stil, geschnitzt aus kanarischen Kiefern. In der fast leeren Kirche sticht besonders der barocke Hauptaltar aus dem Jahre 1648 hervor; das Holz dafür kam – ebenso wie die Balken für die kunstvoll gearbeitete Decke – aus Teneriffa. Beeindruckend die reiche Schnitzarbeit: Auf einem Halbmond steht Maria, ferner werden die vier Evangelisten und Kirchenväter abgebildet. Im rechten Seitenaltar steht der Schutzpatron der Insel, der hl. Buenaventura. Unter den Fliesen der Kirche wurden bei Renovierungsarbeiten zahlreiche Gräber gefunden. Von der Sakristei aus soll es angeblich einen geheimen Gang zum ehemaligen Kloster geben – entdeckt wurde er bisher aber noch nicht.
Mo–Fr 10–16.30, Sa 10–13.30 Uhr, So Gottesdienst um 17 Uhr
(Die Kirche bleibt kurz geschlossen, wenn eine Führung durch das Kirchenmuseum stattfindet. Der Grund: Es wird zuviel gestohlen!)
Eintritt 100 Ptas (incl. Museumsbesuch)

Museen

Casa Museo de Betancuria
Zwei kleine Kanonen am Eingang weisen den Weg zum einzigen Heimatmuseum von Fuerteventura, dessen Grundstock der Besitzer des Restaurants **Vicente** legte. Bei den Ausstellungsstücken handelt es sich zum größten Teil um Zufallsfunde, mit denen belegt werden soll, daß bereits in vorspanischer Zeit Menschen hier lebten. Weitere Teile der Sammlung geben Aufschluß über die Epoche der spanischen Kolonisation bis zu unserer Zeit.
Das Museum ist mittlerweile nach wissenschaftlichen Prinzipien geordnet und verschafft einen guten Überblick über rund 1 500 Jahre Inselgeschichte. Das ehemalige Bauernhaus hat man umfangreich renoviert und bis in den Innenhof erweitert. Die Beschriftung der Gegenstände ist allerdings ausschließlich Spanisch.
Calle Roberto Roldan
Di–So 10–17 Uhr
Eintritt 100 Ptas.

Museo de Arte Sacro
Das Museum für Kirchenkunst befindet sich in einem Stadtpalast unweit der Kirche. In vier Zimmern des geräumigen, zweistöckigen Bauwerkes werden alle Kirchen und Kapellen der Insel auf – z. T. sehr alten – Fotos gezeigt. Außerdem kann Kirchenkunst des Mittelalters bewundert werden. All diese Gegenstände haben freilich nichts Spektakuläres an sich; sie beeindrucken vielmehr durch ihre Naivität. Unter anderem wird im Museum auch eine geschnitzte Statue des hl. Petrus, eine flämische Arbeit, und der Rest der Fahne der spanischen Eroberer gezeigt.
Calle Milicias Insulares
Mo–Fr 10–16.30, Sa 10–13.30 Uhr
(Führungen durch das Museum sind nur im Zusammenhang mit dem Kirchenbesuch möglich; kombinierte Eintrittskarte 100 Ptas)

Essen und Trinken

Bar Vicente
Das seit 1975 bestehende Restaurant ist mittlerweile schon Legende – genau wie sein Besitzer Vicente Ruiz Mendez. Auf der Terrasse und im geraniengeschmückten Innenhof haben inzwischen wohl Tausende von Gästen die Spezialitäten des einfachen Hauses – Ziege, gofio und Kaninchen – mit Appetit verspeist.
Calle Roberto Roldan
Tel. 87 80 95
Tgl. 11–19 Uhr, So geschl.
Mittlere Preisklasse

Valtaragal
Spezialitäten des urigen Lokals sind Kaninchen in Rotwein und Gemüsesuppen.
Calle Roberto Roldan, 6
Tel. 87 80 07
Tgl. ab 10 Uhr
Untere Preisklasse

Caleta de Fustes ■ E 3

In einer Bucht rund 7 km südlich vom Flughafen ist in den letzten Jahren ein **Ferienzentrum** mit rund 10 000 Betten entstanden. »Wahrzeichen« der Urbanisation ist der kleine Festungsturm **Castillo de Fustes**, eine aus Lavasteinen gemauerte Anlage, die um 1740 zum Schutz vor Seeräubern erbaut wurde. Kern der Feriensiedlung ist das **Bungalow-Dorf El Castillo**, das sich rund um die weite Sandbucht erstreckt. Das Baden im flachen Wasser ist für Kinder bestens geeignet. Die ganze Urbanisation macht einen freundlichen und sauberen Eindruck und besticht vor allem durch die vielen Grünanlagen. Caleta de Fustes ist eines der wenigen Urlaubsdörfer auf Fuerteventura, in denen es etwas internationaler zugeht: Hier machen neben Deutschen auch Spanier, Holländer und Engländer Ferien. 1988 wurde ein Yachthafen mit 150 Anlegeplätzen eröffnet.

Essen und Trinken

Frasquita
Spezialitäten sind verschiedene Fischgerichte, u.a. **pescado plancha**. Der Chef ist Miteigentümer eines Fischerbootes – das allein garantiert schon die Frische seiner Produkte.
Playa del Castillo
Obere Preisklasse

Casillas del Angel ■ E 3

Die Straße nach Antigua ist inzwischen so gut ausgebaut, daß man das kleine Dorf, das seit 1930 Teil von Rosario ist, vermutlich links liegen lassen würde – gäbe es nicht zwei gute Gründe für einen Stopp: zum einen ein einfaches, aber beliebtes **Ausflugslokal** und zum anderen die Kirche **Santa Ana** mit einem für Fuerteventura einmaligen Portal aus schwarzen Lavasteinen.

Santa Ana, im Stil des Barock erbaut und gegen 1782 vollendet, fasziniert nicht nur durch die dunkle Fassade, sondern auch durch die Ausstattung des Inneren: Da fehlt weder die Decke im Mudéjar-Stil noch der barocke Altar, und auch die Gemälde mit einer Vision des Jüngsten Gerichts, wie man sie auch in der Kirche von Tuineje sieht, lohnen einen Blick.

Das Restaurant **Casa Santiago** hebt sich wohltuend von zahlreichen anderen Lokalen im Inselinneren ab, da hier nicht in erster Linie für Touristen gekocht wird, sondern für die Majoreros. Neben dem riesigen Speiseraum, in dem sich Einheimische gerne zu Familienfeiern treffen, gibt es eine langgestreckte Bar. Es werden einige kleinere Gerichte angeboten – vor allem aber ist dies eine gute Adresse für Ziegenbraten. Gegessen wird mit den Fingern – und natürlich muß man Knoblauch mögen, der hier knollenweise über das Fleisch geschnitten wird.

Pozo Negro ■ E 4

Von der ausgebauten Straße CG 640 (vom Flughafen Richtung Morro del Jable) biegt man auf Höhe der Gebäude des staatlichen Versuchsgutes der Inselregierung, der »Finca experimental del Cabildo Insular« –

Kleine, weiße Häuser am menschenleeren Kieselstrand: Pozo Negro

Der Norden: Puerto del Rosario

Im Oasental bei Vega de Rio Palmas gedeihen auch Zitronenbäume

dort befaßt man sich u. a. mit der Wiederaufforstung der Karstlandschaft – rechts ab. Am Ende der Stichstraße – nach etwa 15 Kilometern – wartet das verschlafene Dorf Pozo Negro. Auffallend ist die kleine weiße Apartmentsiedlung auf einer Anhöhe, in der vor allem ruhesuchende Urlauber aus Österreich wohnen. Die dörfliche Ansiedlung besteht aus einer Häuserzeile direkt am Kieselstrand. Der Weg hierher lohnt vor allem wegen der beiden Restaurants, die schmackhaften frischen Fisch verkaufen – Meerblick inklusive.

Essen und Trinken

Los Caracoles
Das Restaurant ist bekannt für seine Fischgerichte und die üppigen Salatteller, die man als Vorspeise bekommt. In der kleinen Kneipe, die mit Postkarten und Fotos von zahlreichen deutschen Freunden dekoriert ist, zieht man sich bei stürmischem Wind zurück. Ansonsten sitzt man herrlich auf der Terrasse mit Blick aufs Meer. Die Mojo-Soße, die man zu den **papas arrugas** serviert, wird hier aus Joghurt zubereitet – eine seltene, aber leckere Variante.
Tgl. ab 12 Uhr
Mittlere Preisklasse

Los Pescadores
Gegrillter Tintenfisch und gebackene Muscheln schmecken in dem kleinen Gastraum mit seinen Holztischen oder auf der winzigen Terrasse ganz vorzüglich. Das Ambiente ist einfach, doch das macht die ländlich-deftige Küche von Marcelino Perez Aguilar mehr als wett.
Tgl. 10–23 Uhr
Mittlere Preisklasse

Vallebrón ■ E 2

Das eher unscheinbare Dorf liegt im Zentrum einer durch und durch ländlich geprägten Gemeinde. Auffallend sind die unzähligen Terrassenfelder an den Berghängen, auf denen Kartoffeln, Zwiebeln, Kohl und sogar Tabak angebaut werden. Das rund 300 m hoch gelegene Dorf, das zu den regenreichsten der Insel zählt, ist bisher von den Sightseeing-Bussen verschont geblieben. Oberhalb davon steht eine im 18. Jh. erbaute **Kapelle**, die Johannes dem Täufer geweiht ist. Nachdem das Kirchlein lange in Vergessenheit geraten war, wurde es kürzlich renoviert und ist nun (zunächst unregelmäßig) für Besucher zugänglich.

Wenn Sie gut zu Fuß sind, bietet sich eine **Wanderung** durch die **Terrassengärten** an, an deren Rändern Feigenbüsche und Johannisbrotbäume stehen. Von dort haben Sie eine weite Aussicht über das fruchtbare Tal.

Valle de Santa Inès

■ D3

Kennzeichen für das größte und fruchtbarste Tal von Fuerteventura sind die zahlreichen **Windmühlen**. Das Tal Santa Inès soll nach Inès Peraza benannt worden sein, die einst die erste Kapelle des Ortes stiftete. Hier kann man nur ein wenig wandern oder aber Josefa Aroza, der bekannten **Töpferin**, einen Besuch abstatten (→ Einkaufen). Ihre Werkstatt findet man hinter dem Friedhof an der Straße nach Betancuria. Einen Abstecher lohnt aber auch die Bucht **Punta de los Caletones** ganz am Ende der Stichstraße: Die Schönheit von Meeresbrandung und Steilküste unter einem weiten Himmel kann man hier fast für sich alleine genießen. Seine Abgeschiedenheit verdankt dieser Teil von Fuerteventura der Tatsache, daß er sich nur dem Wanderer so richtig erschließt.

Ferienwohnungen

Bis auf eine Ausnahme, die Feriensiedlung **Aguas verdes**, ist das Tal vom Tourismus noch völlig unberührt. Und es gibt wohl auch keinen zweiten Fleck auf der Insel, an dem man abgeschiedener Urlaub machen kann als hier in dieser Einöde. Rund um einen Innenhof mit Schwimmbar gruppieren sich die Bungalows. Die nächste Siedlung, Santa Ines, ist rund 6 km entfernt.

Aguas verdes
Tel. 8 10 83 20
Fax 8 10 83 40
Rund 50 Bungalows mit 206 Betten
Mittlere Preisklasse

Windmühlen gehören zum Landschaftsbild des fruchtbaren Valle de Santa Ines

DER SÜDEN: MORRO DEL JABLE

Im Süden von Fuerteventura ist für alle Urlauber, die Erholung und sportliche Aktivitäten kombinieren wollen, die Halbinsel Jandía mit dem Feriendorf Morro del Jable ideal.

Morro del Jable
■ B 6

Wenn Sie auf der Suche nach Sonne, Sand und klarem Wasser sind, bietet sich der Süden von Fuerteventura für einen Urlaub geradezu an. Trotz der regen Bautätigkeit an der Urbanisation von Morro del Jable und der Costa Calma findet man dort noch viel ursprüngliche Atmosphäre, und ein Ausflug zum Inselzipfel – zum **Leuchtturm von Jandía** oder in die **Wüste El Jable** – ist immer wieder empfehlenswert. Die Landschaft dort wird von den gewaltigen Wanderdünen bestimmt, über die der Passatwind unablässig feinen, weißen Treibsand weht. Ganz unten, im Süden der Insel, rollen die Wellen mit mächtigem Getöse ans Ufer: Das Gebiet eignet sich gut zum Wandern und für Entdeckungstouren, genauso die Landschaft bei **Punta de Barlovento** auf dem Jandía-Zipfel. Die Halbinsel ist mit dem Norden inzwischen durch eine gut ausgebaute Straße verbunden. Urlauber, die Jandía seit Jahren zum Ziel wählen, können sich freilich

Ideal für alle Badeurlauber: das Feriendorf Morro del Jable

DER SÜDEN: MORRO DEL JABLE

noch gut an die abenteuerliche, scheinbar nicht enden wollende Piste von früher erinnern...

In den Urbanisationen sind in den letzten Jahren zum Teil wunderschöne und erstklassige Hotels entstanden, die den Vergleich mit Häusern auf Mallorca oder Gran Canaria nicht scheuen müssen. Beliebt bei den Feriengästen ist das kleine Dorf Morro del Jable – zwar nicht unbedingt eine städtebauliche Schönheit, aber wenn man einmal raus will aus der Hotellobby, findet man hier doch immerhin einige Bars, in denen auch Einheimische ihr Bier trinken, und es gibt ein paar Restaurants. Ein Dorfzentrum allerdings sucht man vergeblich; dafür ziehen frühmorgens noch einige Fischer ihre Boote an den Strand.

Ruhepause in Morro del Jable

Zentrum des Südens

Der beliebte Ferienort liegt am südlichen Ende von Fuerteventura, auf der Halbinsel Jandía. Das winzige Fischerdorf ist das Zentrum eines noch immer im Wachsen begriffenen gewaltigen Ferienzentrums. »Kennzeichen« des Ortes ist denn auch eine ungeheure Bautätigkeit – und der Mangel an Parkplätzen für die zahlreichen Leihwagen. Vor allem in den Abendstunden wird es eng in den Einbahnstraßen des kleinen Dorfes, wenn die Gäste aus den Bungalow- und Hotelanlagen in den Ort fahren, um ein wenig in den Gassen zu flanieren oder in einem der Restaurants einmal **pescado a la plancha** zu genießen. Die Küche hier ist einfach; es wird mehr gebacken und gegrillt als gekocht.

Neben Corralejo im Norden ist Morro del Jable der zweite wichtige »Touristenort« der Insel. Der große Trumpf von Morro – und Jandía überhaupt – sind die unendlich langen Sandstrände, wie man sie in dieser Form nirgendwo sonst auf den Kanarischen Inseln wiederfindet.

Ein Zimmer mit Meerblick für jeden

Wie beliebt der Ort ist, zeigt sich daran, daß hier seit Jahren Beton gemischt wird – und sich die Baukräne sogar im Flutlicht drehen! Die Bauzone erstreckt sich von der Bucht »Marabu« bis zum Yachthafen von Morro del Jable. In Morro, wie der Ort einfach ge-

DER SÜDEN: MORRO DEL JABLE

Oft wird es eng in den Straßen von Morro del Jable

nannt wird, ist in den letzten Jahren ein »Amüsierviertel« mit Boutiquen, Restaurants und einer Strandpromenade entstanden. »Klassische« Sehenswürdigkeiten wie Kirchen, Festungen oder Museen freilich sucht der Gast in und um Morro del Jable vergeblich. Dafür gibt es einige hübsche, elegante und moderne Hotelanlagen und viele Apartmenthäuser am Hang. Die Bauweise ist in der Regel terrassenförmig, damit möglichst vielen Gästen der Wunsch nach einem Zimmer mit Seeblick und Sonnenschein erfüllt werden kann. 1991, gerade noch rechtzeitig, trat allerdings ein Gesetz in Kraft, welches vorschreibt, daß kein neues Gebäude (auch kein Kiosk!) mit weniger als hundert Meter Abstand zum Wasser errichtet werden darf.

Die meisten Urlauber sind Deutsche

Einen Straßenmarkt oder eine Markthalle gibt es in Morro del Jable nicht. In den zahlreichen Supermärkten hingegen findet man eine umfassende Lebensmittel-Palette. Da in Morro und den angrenzenden Ferienunterkünften der weitaus größte Teil der Gäste aus Deutschland kommt, ist das Angebot in den Supermärkten (ebenso wie in den Restaurants) auf deren »nordischen« Geschmack abgestimmt: Ob Filterkaffee oder Gemüsekonserven, ob Bier oder Leberwurst – es gibt beinahe alles, was man auch daheim kaufen kann. Weder der deutsche Metzger noch der deutsche Bäcker oder die Konditorei fehlt. Es gibt sogar ein – recht klotziges – **Shopping-Zentrum**, und am Tennis-Center beginnt eine sehr beliebte Einkaufsgasse mit einigen Restaurants, Cafés und Kneipen.

Bei Morro del Jable beginnt auch der schöne, lange Strand **Jandía Playa**, auch Playa de Matorral genannt. Hier tummeln sich ebenfalls meist deutsche Gäste, die allerdings mit Reservierungsschildern an den Strandburgen manchmal unangenehm auffallen. Denn der Strand ist schließlich für alle da.

Inzwischen wurde – auch nicht ganz unwichtig – eine Kläranlage gebaut; die wilden Müllkippen sollen beseitigt werden, und man hat damit begonnen, die Bürgersteige zu befestigen und mit Palmen zu bepflanzen.

Der Süden: Morro del Jable

Hotels und andere Unterkünfte

Jandía Palace
Das Luxushotel der Insel bietet seinen Gästen zwar keinen Garten, dafür aber liegt es direkt am herrlichen, goldglänzenden Strand.

TopTen 1 Die rund 50 qm großen Suiten sind mit viel Komfort eingerichtet, z.B. mit einem Bad, das diesen Namen wirklich verdient; die Terrasse ist geschützt vor fremden Blicken. Die Atmosphäre ist angenehm, das Personal geschult und freundlich, die Buffets sind eine stete Versuchung – kurz: Alles ist so, wie es sich für ein Haus dieser Kategorie gehört.
Jandía Playa
Tel. 54 03 68–70, Fax 54 06 20
200 Zimmer
Luxusklasse

Lopez Cabrera
Bescheidenes Apartmenthaus im Zentrum von Morro. Die Zimmer haben nur fließendes Wasser. Ideal für Einzelreisende, die Morro als Ausgangspunkt für Inselausflüge gewählt haben.
Calle Maxorata, 22
Tel. 54 10 87
12 Zimmer
Untere Preisklasse

Riu Calypso
Ein Komforthotel, bei dem der Architekt intensiv mitgedacht und geplant hat. Da stimmen selbst kleinste Details – von der Fliese bis zu den monumentalen Korbstühlen. Das Haus steht am Ortsrand von Morro, von wo aus man einen guten Zugang zum Strand hat. Das Vier-Sterne-Hotel am Hang wirkt großzügig – und es verfügt in der Tat über alle Annehmlichkeiten, die man in den Ferien nicht missen möchte. Der Speisesaal ist hübsch eingerichtet, das Essen abwechslungsreich und qualitativ weit über dem Inseldurchschnitt. Die Zimmer sind allerdings nicht sehr geräumig. Zum Teil verfügen sie über Meeresblick. Kleine, aber gepflegte Gartenzone mit Süßwasser-Swimmingpool. Der flach ins Meer abfallende Sandstrand bietet ideale Badebedingungen für Kinder.
Jandía Playa, an der Hauptstraße
Tel. 54 01 22, Fax 54 00 26
248 Zimmer
Obere Preisklasse

Riu Ventura und Riu Maxorata
Die weitläufige Hotel/Apartmentanlage gehört zu den besseren Inseladressen. Ruhig gelegen; zum Strand von Jandía muß die Straße überquert werden. Das Ferienzentrum verfügt über eine eigene Meerentsalzungs- und Kläranlage. Der Service ist zuvorkommend und höflich – auch im Restaurant. Es gibt eine Einkaufspassage mit Supermarkt und Friseur, Schwimmbad und Poolbar. Die Frühstücks- und Abendbuffets sind sehr variationsreich. Alle Zimmer haben Balkon – viele auch mit Blick aufs Meer. Kinderfreundliches Haus (eigenes Animationsprogramm!).
Jandía Playa, an der Hauptstraße
Tel. 54 00 00 und 54 00 25,
Fax 54 14 44
250 Apartments und 139 Zimmer
Obere Preisklasse

Robinson Club Esquinzo
Rund 7 km vom Ortszentrum entfernt liegt die 1991 eröffnete neue Clubanlage. Das Dorf erstreckt sich weit über eine windige Anhöhe, zum Strand muß man den Abhang hinunter. Die Zimmer sind nicht groß – aber schließlich lockt ja das Animationsprogramm! Das durchweg jugendliche Personal pflegt mitunter einen allzu saloppen Umgangston; auch im Spezialitäten-

Der Süden: Morro del Jable

Restaurant, das oft ausgebucht ist. Dafür gibt es aber in der Arena, im überdachten Teatro, immer Platz. Ein Plus für Tennissportler: 13 überdachte Plätze überlisten jeden heimtückischen Inselwind. Großes Unterhaltungsprogramm für Kinder rund um den clubeigenen Zirkus. Eine eigene Segelschule und Surfbretter gibt es natürlich auch.
Esquinzo Playa
Tel. 54 00 33, Fax 54 09 01
Luxusklasse

Robinson Club Jandía Playa
Das Hotel und die Bungalows liegen inmitten einer üppig bewachsenen »Parkanlage«; von hier aus hat man direkten Zugang zum weiten Sandstrand von Jandía – für viele Gäste ist dies allein schon ein Grund, im Club abzusteigen. Die Hälfte der 10 Tennisplätze ist mit Flutlicht ausgestattet. Freundliche Atmosphäre, Umgangssprache ist Deutsch. Die Anlage ist gut geeignet für sportliche Paare mit Kindern.
Jandía Playa
Tel. 54 13 75–76, Fax 54 11 00
340 Zimmer
Luxusklasse

Stella Canaris
Unübersehbar erstreckt sich am Hang die kombinierte Hotel-, Apartment- und Bungalowanlage. Durch eine Palmenallee gelangt man, nachdem die Hauptstraße überquert wurde, zum Strand. Auffallend ist der große und gepflegte Garten mit Pool. Das Feriendorf wird ständig erweitert und modernisiert – wie die neuen Studios »Palmeral« beweisen. Achtung: Zahlreiche Zimmer haben keinen Meerblick!
Jandía Playa, an der Hauptstraße
Tel. 54 14 00, Fax 54 10 75
Mittlere bis obere Preisklasse

Essen und Trinken

Dori
Einfaches, rustikales Fischrestaurant. Hier erhält man noch ein dreigängiges Tagesmenü für 950 Ptas.
Abubilla
Tel. 54 13 95
Tgl. 12–15.30 und 18–22.30 Uhr,
So geschl.
Mittlere Preisklasse

Casa Emilio
Fischplatten sind die Spezialität des am Rande der Strandpromenade gelegenen Grill-Restaurants. Die Vorspeisen sind zwar teuer, aber lecker. Auch hier ist man auf deutsche Gäste eingestellt, bemüht sich aber um spanisches Ambiente.
Letztes Haus am Ende der Promenade
Tel. 54 00 54
Tgl. ab 11 Uhr
Obere Preisklasse

La Estreda
Die Lage direkt am Wasser entschädigt für den manchmal etwas ruppigen Service. Die Atmosphäre in dem Fleischspezialitäten-Restaurant ist jedoch angenehm, und wenn es doch einmal Probleme gibt, schafft José Trujillo, der Besitzer, sie schnell und freundlich aus der Welt.
Avda. del Mar
Tgl. geöffnet
Mittlere Preisklasse

El Lajas
Ein Restaurant, wie es sich der Gast wünscht: direkt am Strand, das Essen ist gut, und an der Bar diskutieren Einheimische den letzten Dorfskandal.
Avda. del Mar
Tel. 54 20 54
Tgl. 11–23 Uhr, Do geschl.
Mittlere Preisklasse

Der Süden: Morro del Jable

La Parada
Kleine Caféteria, in der man morgens zwischen 7.30 und 10 Uhr frisch gebackene Churros bekommt. Für den Hunger zwischendurch gibt es Bocadillos, Sandwiches mit Schinken und Käse; kleine Tapa-Auswahl. Treffpunkt der einheimischen Jugend.
Am Taxistand
Untere Preisklasse

Nino
Frischer Fisch ist auch hier die Spezialität. Einfache Einrichtung, sauber und freundlich. Durch die Lage des Restaurants – etwas abseits der Strandpromenade – erhält man meist einen Platz. Hier kehren auch Einheimische ein.
Casa Nasas, 3
Tel. 54 11 63
Tgl. außer Sa 12–16 und ab 19 Uhr
Mittlere Preisklasse

Saavedra
Ein schlicht eingerichtetes Lokal mit empfehlenswerter Küche und überdachter Terrasse. Auch hier sollte man die einheimischen Fischsorten probieren und auf tiefgefrorene Seezunge und Langusten verzichten. Spät am Abend greifen einheimische Gäste häufig zur Gitarre, dann kann es recht laut und lustig werden.
Plaza Cirilo Lopez, 4
Tel. 54 10 56
Tgl. 12–22 Uhr, So geschl.
Reservierung empfohlen
Mittlere Preisklasse

Tony Pinte I
Das »In-Lokal« unter ausländischen Gästen – weniger wegen des Essens, eher wegen seiner Atmosphäre. Die Tische stehen direkt am Strand, und die Szenerie wird romantisch von Windlichtern beleuchtet. Die Fischspezialitäten sind für Morro teuer – im Preis ist jedoch der Blick aufs Meer inbegriffen.
Avda. del Mar
Tel. 54 13 92
Tgl. ab 11 Uhr, So geschl.
Reservierung empfohlen
Mittlere Preisklasse

Am Abend

Ein ausgesprochenes Nachtleben gibt es in Morro del Jable und dem angrenzenden Ferienzentrum nicht. Nur die besseren Hotels veranstalten jeden Abend ein sogenanntes Animationsprogramm mit »Afrikanischer Show«, »Bingo« oder »Disco-Nights«. Das Ausgehen beschränkt sich somit auf Restaurant- oder Barbesuche. Stets gut besucht ist die »Freßgasse« zwischen Casa Atlantico und Stella Canaris. Dort findet man zahlreiche Bierkneipen und Cafés, spanische Restaurants, afrikanische Souvenirverkäufer und Boutiquen mit italienischer und spanischer Mode.

Angel's Discotheque
Der Club im Apartmenthotel »Atlantico« gehört zur Zeit zu den »heißen« Nachtadressen.
Geöffnet ab 22 Uhr

Fama
Eine etwas ruhigere Version des »Angel's«.
Calle del Carmen

Service

Abschleppdienst
Bruno Henriquez
Tel. 87 62 11/60

Autovermietung
Betacar (Europcar, IR)
Esmeralda, Local 1
Tel. 54 00 44

Der Süden: Morro del Jable

SEHENSWERTE ORTE UND AUSFLUGSZIELE

Diauto
Esmeralda, Local 3
Tel. 87 65 48

Busse
Die Linie 1 verbindet Morro del Jable mit Rosario und der Costa Calma.
Mo–Sa ab Morro del Jable 6, 9, 13.30 und 16.30 Uhr, an So und Feiertagen 6 und 18 Uhr

Medizinische Versorgung
Centro Medico (Ärztezentrum)
Im Shopping Center, Jandía Beach
Tel. 54 15 43 und 54 04 20

Apotheke
Farmacia del Mar
Soto Evora
Tel. 87 60 12

Deutsch-Skandinavische Klinik
Hotel Palm Garden
Tel. 87 60 31

Notdienst
Tel. 87 65 43 (24-Stunden-Dienst)

Polizei
Calle Hibizco, 1
Tel. 87 60 22

Post
Calle Nuestra Senora del Carmen

Taxi
Calle del Carmen
Grundgebühr 300 Ptas. Einfache Fahrt zum Flughafen 7 800 Ptas.

Telefon
Neben dem Taxistand
Tgl. 8.30–13 und 16–20.30 Uhr

Der Besondere Tip

Wanderung nach Cofete Nach Cofete kann man auch über die Berge wandern. Knapp 5 km hinter Morro, am Barranco Gran Valle, klettert man – vorbei an Viehställen und Hirtenhütten – in das Massiv hinein. Vom Paß Degollada de Cofete aus hat man einen herrlichen Rundblick über die endlos scheinenden Strände und die klippenreiche Küste daneben. Unter sich sehen Sie die Villa Winter und rechter Hand das »Dorf« Cofete, in dem einige Aussteiger leben. Achtung: Der Abstieg ist beschwerlich – und festes Schuhwerk unbedingt nötig! Nach rund zwei Stunden Wanderung erreichen Sie dann den weiten Strand mit seinem goldgelben Sand und dem türkisblauen Meer. Das Baden in dem klaren und warmen Wasser ist wegen der dort herrschenden starken Unterströmung allerdings nicht ungefährlich.

DER SÜDEN: MORRO DEL JABLE

Ausflugsziele

Cofete ■ B 6

Über 22 km Schotterpiste, die zuerst durch eine recht trostlose Landschaft führt, geht es am ehemaligen Friedhof von Morro vorbei, bis man zur Abzweigung nach Cofete gelangt. Die 10 km lange Straße über den Berg ist gut ausgebaut und problemlos mit einem »normalen« Leihwagen befahrbar.

Die Aussicht vom Gipfel **Montaña Aguda** über die lange Küste von Cofete mit ihren herrlichen Stränden lohnt einen Stopp. Rund um die **Bar Cofete** stehen einige Hütten aus Stein und Holz – das ist der ganze Ort.

Am Berghang, der nur über eine schwer zugängliche Steinstrecke erreichbar ist, steht strahlend hell die legendenumwobene **Villa Winter**: Gerüchte – die allerdings bis heute nicht bewiesen sind – besagen, daß das Herrenhaus während der Nazizeit von Gustav Winter erbaut worden ist, nachdem er den Grund und einen großen Teil der Halbinsel Jandía vom spanischen Diktator Franco geschenkt bekommen haben soll. Der Ingenieur Winter war beauftragt, an der Küste eine Basis für U-Boote anzulegen, da Fuerteventura von strategischer Wichtigkeit war. Das gesamte Gebiet der Halbinsel wurde abgesperrt, die Bewohner hatte man vertrieben.

Es soll hier auch einmal einen **Flughafen** gegeben haben – eine planierte Fläche bei Puerto de la Cruz ist noch heute gut zu erkennen. In den Buchten an der Steilküste von Cofete waren Stützpunkte gebaut worden, die 1950 angeblich gesprengt wurden; die Explosionen sollen angeblich bis Pájara zu hören gewesen sein. Der einzige noch heute »greifbare« Bestandteil der ganzen mysteriösen Geschichte ist jedoch die Villa Winter, die noch immer streng bewacht wird.

Beliebter Treffpunkt ist die Bar in Cofete

Costa Calma ■ C5

Die »ruhige Küste«, wie Costa Calma genannt wird, überrascht vor allem durch den breiten und grünen »Wald« links und rechts der Durchgangsstraße. In dem weiten felsigen Gebiet hinter dem Strand der **Playa de Sotavento** entsteht eine neue Urbanisation gleichen Namens. Die Costa Calma teilt sich in zwei Zentren: die günstig zum Strand gelegene Zone und jene, die hinter der stark befahrenen Straße liegt. Es gibt hier kein Zentrum – nur Pisten und Straßen, die ins Nichts führen. In den letzten Jahren sind zahlreiche Bungalow- und Apartmentanlagen entstanden, die einen gepflegten Eindruck machen und mit Geranien, Bougainvillean und kanarischen Palmen bepflanzt sind. All das Grün unter dem blauen Himmel macht einen sehr einladenden Eindruck. Dafür fehlen Promenaden, empfehlenswerte Lokale und ähnliche Treffpunkte – eben all das, was zu einem netten Badeort gehört. An Kneipen und Biergärten hingegen herrscht kein Mangel. Die Costa Calma ist so gut wie fest in deutscher Hand; Deutsch ist hier die meist gesprochene Sprache.

Hotels und andere Unterkünfte

Beach Hotel TAR
Apartmenthotel, im Zentrum gelegen. Vor allem deutsche Gäste steigen hier ab. Kinderermäßigung.
Tel. 87 07 76
137 Studios, 110 Apartments
Mittlere Preisklasse

Fuerteventura Playa
Direkt am Strand und am Rande der Costa Calma steht dieses angenehme Haus. Um einen weiten Garten mit viel dichtem, dunkelgrünem Rasen (!) und duftendem Hibiskus gruppiert sich die dreistöckige Anlage. Die Zimmer sind bequem und hell eingerichtet, und auf dem Balkon blühen die Geranien. Engagiert und stets hilfsbereit der Service. Wer Tennis spielen will, zahlt pro Stunde 600 Ptas.
Tel. 54 73 44
Fax 54 70 97
300 Zimmer
Obere Preisklasse

Green Oase
Jenseits der Straße und weit vom Strand entfernt steht diese sandfarbene Bungalowanlage. Eine architektonisch interessante Feriensiedlung, in der deutsche Gäste, die Ruhe und Einsamkeit schätzen, unter sich sind.
Tel. 54 71 12
55 Bungalows
Obere Preisklasse

Risco del Gato
Die utopisch anmutende Anlage steht unter deutscher Leitung. Abseits vom Baubetrieb – aber auch vom Strand. Für Singles und kinderlose Ehepaare am besten geeignet. Die architektonisch auffallenden, arabisch anmutenden Bungalows sind geschmackvoll eingerichtet. Es fehlen natürlich weder Tennisplätze noch Sauna oder Süßwasser-Pool.
Tel. 54 71 75
Fax 54 70 30
126 Bungalows
Obere Preisklasse

Solyventura
Unmittelbar am Strand liegt diese kleine, aber nette Anlage für alle, die es etwas intimer lieben und ein persönliches Ambiente zu schätzen wissen. Die Küche wird immer wieder gelobt.
Tel. 54 73 32
20 Apartments
Obere Preisklasse

Las Palomas/Casa Catalina

Rund 200 m vom Strand entfernt steht diese hübsche Bungalowanlage. Die strahlend weißen Häuser gruppieren sich um den von Palmen umstandenen Swimmingpool.
Tel. 54 71 58
Fax 54 70 31
120 Zimmer
Mittlere Preisklasse

Los Gorriones

Einsam und weit außerhalb der Urbanisation Costa Calma liegt dieses mehrstöckige Hotel mit unmittelbarem Zugang zum weiten Strand von Sotavento. Ein Platz für alle, die Ruhe suchen und Sand und Meer lieben. Die Zimmer sind einfach ausgestattet; im Haus gibt es Boutiquen, Disco, Bierkeller. Kleiner Garten mit Swimmingpool. Außerdem befindet sich hier eine Surfschule, die auch Bretter verleiht.
Tel. 54 70 50
Fax 54 70 25
430 Zimmer
Mittlere Preisklasse

El Jable ■ C 6

Am **Barranco de Pecenescal**, der von der Durchgangsstraße GC 640 abzweigt, beginnt der Weg zur »Wüste« von Fuerteventura. Mit einem geländetüchtigen Wagen kann man den ausgetrockneten Flußlauf durchfahren und auf halber Länge die Route über die Sandpiste einschlagen. Zum Teil ist die Strecke gepflastert (!). Schließlich aber endet die Piste; der Sand beginnt zu »mahlen«. Auf dem Plateau können Sie den Wagen stehenlassen und bis zur Steilküste zu Fuß gehen. Wer mit einem normalen Pkw unterwegs ist, muß das Auto bereits am Anfang des Barranco, des cañonartigen Tales also, parken und die Wanderung von dort aus unternehmen. Der einfache Weg quer durch die Sandwüste kann so bis zu zwei Stunden dauern. Der Ausflug sollte nicht in den Mittagsstunden unternommen werden – und die Flasche Trinkwasser darf nicht fehlen!

Vom Wind geformt: die »Wüste« Fuerteventuras, El Jable

DER SÜDEN: MORRO DEL JABLE

Faro de Jandía ■ B 6

Die Küste von Afrika – rund 100 km entfernt – kann man natürlich nicht im Dunst erkennen, wie man hier gerne behauptet. Aber es ist doch ein hübsches Märchen, das zu einem Ausflug zum **Leuchtturm** von Jandía im äußersten Süden verführt. Links und rechts der Piste führen die Wege zur Steilküste und zu einigen kleineren **Badebuchten**. Kurz vor dem befestigten Leuchtturm liegt das winzige Fischerdorf **Puerto de la Cruz** – Wochenendziel vieler Einheimischer. Eine winzige Bar des Dorfes nennt sich **Tenderete** und lockt mit gebackenem Fisch.

La Lajita ■ C 5

Direkt an der breiten Durchgangsstraße liegt das Dorf La Lajita. Erwähnenswert an diesem Ort ist sein kleiner Zoo – und die **Dromedarstation**! Der »Zoo« gehört allerdings nicht zu den Attraktionen der Insel (tgl. 9–13.30 Uhr, Eintritt 400 Ptas). Ein weniger zweifelhaftes Vergnügen könnte der Ritt auf dem Rücken eines Dromedars sein: Man schaukelt in der Kolonne über die vulkanische Erde; eine halbe Stunde kostet 1000 Ptas, Kinder 700 Ptas. Einen schönen Weitblick über den unendlichen Strand von Jandía hat man vom nahe gelegenen Aussichtspunkt **Cuesta de la Pared**.

La Pared ■ C 5

Auch wenn an der Straße das Schild »Kaufen Sie sich ein Stück vom Paradies« lockt, so kann der Ort seine Trostlosigkeit doch nicht verbergen. Der Platz ist dennoch interessant, weil er zum einen die schmalste Stelle der Insel bezeichnet, den **Istmo de la Pared**. An dieser Stelle soll während der vorspanischen Zeit eine gewaltige Steinmauer gestanden haben, die das nördliche und das südliche Guanchenreich voneinander getrennt hat. Zum anderen ist der Ort Ausgangspunkt zu einer der schönsten Bergstrecken, die man mit dem Auto bewältigen kann (→ Routen und Touren). In der Ansiedlung entsteht die neue Ferienanlage **La Cuidad Jardin Panorama**.

DER BESONDERE TIP

Einsame Bergdörfer Von La Lajita führt eine Autostraße zu den Weilern Rosa de los James und El Cardón. Die Landschaft, die durch Töne von Rostrot bis Sienabraun fasziniert, wird von der 691 m hohen Montaña Cardónes bestimmt. Hin und wieder entdeckt man halb verfallene, aber noch funktionierende Windräder, die unermüdlich Brackwasser aus der Tiefe pumpen. An der Straße wachsen Feigenkakteen, und ab und zu sieht man große, graue Felder: Dort werden Tomaten angebaut. Zum Schutz vor der Sonne wachsen die Pflanzen in einer besonderen Art Treibhaus.

DER SÜDEN: MORRO DEL JABLE

Ein beliebtes Ausflugsziel: der Leuchtturm von Jandía

Essen und Trinken

Bahia
Das etwas abseits gelegene Restaurant ist ausgeschildert. Wunderschön gelegen, bietet es von seiner (windigen) Terrasse aus einen grandiosen Blick zum Atlantik. Die Einrichtung ist modern; es wurde viel Holz verarbeitet. Die Fischspezialitäten sollten Sie kosten.
Tgl. 13–22 Uhr
Obere Preisklasse

Tarajalejo ■ D 5

Alle Versuche, diesen Fischerort zur touristischen Urbanisation auszubauen, sind bisher gescheitert. Interessant für Strandwanderer: Hier endet bzw. beginnt der weite, gelbe Sandstrand von Jandía.

Das Dorf, im Windschatten der südlichen Felsenkette und seiner Nebentäler gelegen, ist bei Surfern noch stets geliebt. Sie finden hier günstige Winde und schlagen am Strand ihre Zelte auf. Im Ortskern findet man einige kleinere Restaurants und Cafés, in denen man sich bemüht, den Ansprüchen der Sportler gerecht zu werden. Tarajalejo, inzwischen von der »Außenwelt« sozusagen abgeschlossen, überrascht durch eine gewisse Intimität. Die Gassen sind eng, es gibt keinen Stadtpark, und selbst eine Kirche mit skurrilen Formen fehlt. In der Gasse, die parallel zum Strand führt, kann man eine kleine, bescheidene Kapelle entdecken. Die regelmäßigen Versuche der Gemeinde, den Kieselstrand mit weißem Sand aufzufüllen, enden regelmäßig im Fiasko, da die Flut den Sand immer wieder zurückholt. Am Ortsausgang – direkt an der Umgehungsstraße – steht der Supermarkt »Padilla«.

Von Tarajalejo aus kann man über einen Pfad zum rund 4 km entfernten Fischerdorf Ginginamar wandern. Der Ort liegt geschützt und ist am Wochenende Ausflugsziel für die Einheimischen, da sich dorthin kaum Touristen verirren. Der Strand ist breit und flach und voller Kiesel. Und hin und wieder sieht man hier noch einige Fischer, entweder reparieren sie ihre Netze oder bereiten ihre Boote für die nächste Ausfahrt vor.

Eine neue Straße führt von Tarajalejo aus über **Tesejerague** ins karge Land. Hier zeigt sich Fuerteventura noch von seiner landwirtschaftlichen Seite – mit verstreut liegen-

---

DER BESONDERE TIP

Steilküste von La Pared Bei La Pared, an der Playa del Viejo Rey und der Punta de Guadalupe, gibt es eine sehr wilde, zerklüftete Steilküste. Von der Straße führen einige Trampelpfade bis zu den Felsen, an denen sich die Wellen des Atlantiks bei starkem Wind haushoch brechen. Schöne Fotomotive!

DER SÜDEN: MORRO DEL JABLE

den Bauerndörfern, abgedeckten Tomatenfeldern, winzigen Oasen und verschlafenen Dörfern, in denen sich allein die silbern glänzenden amerikanischen Windräder (»The Aeromotor Chicago«) zu bewegen und mit metallischen Geräuschen die Stille zu durchbrechen scheinen.

Das »leere Land« zeigt sich hier als ein Platz für Träumer und Liebhaber wirklicher Ruhe: kahl, verbrannt, ockerfarben und von seiner ganzen spröden Schönheit – wie man sich die sanfte Vulkanlandschaft Fuerteventuras vorstellt.

In dieser Landschaft kann man noch einige alte, wenn auch eingefallene Gebäude ehemaliger Landarbeiter entdecken, die sich farblich ganz der Umgebung anpassen: dunkelbraun, ocker bis hin zu hellem Gelb.

Ähnlich wie auf der Nachbarinsel Lanzarote kann man die Architektur, die mit den hiesigen natürlichen Begebenheiten eine Einheit bildet, schon fast als Kunstwerk ansehen: ockerfarbene Häuser, dunkle, halbrund geformte und sorgsam aufgeschichtete Mäuerchen, dahinter die grünen Feigenbüsche. Auf Lanzarote wird diese Einheit als »Architektur ohne Architekten« bezeichnet.

Die traditionelle, einfache Bauweise der Häuser genügt sowohl den ästhetischen wie auch den praktischen Ansprüchen ihrer Bewohner.

Die gekalkten Dächer dienten früher zum Auffangen des einstmals lebensnotwendigen Regenwassers, die weiße Kalkfarbe wurde nicht nur aufgetragen, weil sie so schön aussieht (wie mancher Tourist sich vorstellt), sondern weil sie die für den Menschen nicht ungefährliche ultraviolette Strahlung absorbiert. Gebaut wurde sehr einfach: Die Lava- und Basaltsteine, die überall in der Landschaft zu finden sind, wurden passend übereinandergestapelt, für die Dächer wurde meist Pinienholz verwendet.

Die Kehrseite des Tourismus: verlassene Höfe bei Tesejerague

Der Süden: Pajara

Das baumlose, bergreiche Binnenland überrascht durch alte Dörfer, historische Kirchen und winzige Oasen, in denen riesige Palmen gedeihen.

Pajara
■ D 4

Am beeindruckendsten ist zweifellos die Landschaft zwischen Betancuria und Pajara. Umgeben von bis zu 600 Meter hohen Berghängen liegt in einem Talkessel das wohlhabende Bauerndorf Pajara. Vor der Ankunft der Spanier soll es Teil des »Königreiches« **Ayose** gewesen sein; heute ist der Ort Verwaltungszentrum für den südlichen Teil Fuerteventuras.

Den Wohlstand der Gemeinde erkennt man unschwer an den gepflegten Straßen, den zum Teil gekachelten Fußgängerwegen und nicht zuletzt an dem vielen Grün: Oleander, Hibiskus und Geranien blühen am Straßenrand und am ausgetrockneten Flußbett.

Die meisten Touristen, die eine Inselrundfahrt unternehmen, statten dieser »Kleinstadt«, in der etwa 800 Menschen leben, wenigstens einen kurzen Besuch ab. Und es lohnt sich durchaus: Besonders zur Mittagszeit, wenn alles wie ausgestorben wirkt, hat man hier fast noch das Gefühl, in einem unberührten kastilischen Dorf zu sein.

Mit üppigem Grün wird nicht gespart im Bauerndorf Pajara

DER SÜDEN: PAJARA

Eine typisch kanarische Stadt

Im Ortskern sieht man noch einige alte Bürgerhäuser mit den typischen kanarischen Balkonen; zum Teil wurden sie inzwischen renoviert, andere wiederum sind baufällig. Ein weiteres Zeichen des Wohlstands ist das neue Rathaus gegenüber der Kirche **Virgen de la Regla** – wegen seiner Betonbauweise von den Touristen auch »El Bunker« genannt. Vor dem zweistöckigen Gebäude steht eine ehemalige **noria**, eine Mühle, deren Rad einst von Dromedaren angetrieben wurde.

Einen ganz besonderen Luxus entdeckt man hinter dem **centro cultural**: Dort liegt das einzige **öffentliche Schwimmbad** der ganzen Insel.

Die Gemeinde Pajara ist bereits 1990 – wohl auch in der Hoffnung, daß der Tourismus in Zukunft viel Geld in die Kasse zurückbringen werde – erstmals in finanzielle Schwierigkeiten geraten. 1992 war die Finanzierungslücke bereits auf über 12 Millionen Mark angestiegen – und jeder einzelne Bewohner ist inzwischen mit einigen tausend Mark verschuldet.

Stattliche Wohnhäuser und eine prunkvolle Kirche

Ein Spaziergang durch den schmucken Ort, etwa entlang der Calle Guise, ist freilich lohnend. Man entdeckt einige stattliche Wohnhäuser der Gutsbesitzer, das unübersehbare Wahrzeichen aber ist die zweischiffige Kirche

Reizvolles Fotomotiv:
die typisch kanarischen Balkone

mit ihrem Portal, an dem Schlangen und Köpfe mit Federschmuck zu erkennen sind.

Jene für die Insel recht prunkvolle Kirche wurde von den sogenannten spanischen **landlords** erbaut. Erst um 1700 wurde die Landschaft inmitten des gewaltigen Talkessels besiedelt. Rund um den Ort zeigen auch heute noch die zum Teil verfallenen Terrassenfelder, daß dieser fruchtbare Boden gute Ernten brachte und für einen bescheidenen Wohlstand sorgte.

Damals wie heute stand die Gemeinde im Schatten des bekannteren Betancuria. Vielleicht wurde deshalb die prunkvolle Kirche erbaut, die – wie heute das Schwimmbad – wohl als Statussymbol dienen sollte.

Der Süden: Pajara

Sehenswertes

Iglesia de Virgen de la Regla

Die Kirche ist etwa um 1700 erbaut; an einem Holzbalken im Innern weist die Jahreszahl 1687 auf den Beginn der Bauzeit. Der Name **La Regla** stammt vermutlich von einer Marienfigur aus der kubanischen Stadt Regla. Ist schon die Namensgebung rätselhaft, so sind es die Bauweise und die verwendeten Kultmotive noch mehr: Die Steine für das Portal stammen nicht von der Insel, der Haupteingang beeindruckt durch seine »aztekischen« Ornamente, die in der kanarischen Kirchenarchitektur einmalig sind. Die Steinmetzarbeiten zeigen Tier- und Maskennachbildungen, u.a. von Häuptern, Schlangen, geometrischen Sonnen und Tieren, die Pumas darstellen sollen. Das Portal, aus tonnenschwerem und exakt behauenem Sandstein zusammengefügt, ist im Mischstil des spanischen Kolonialstiles erbaut. In dieser vor allem in Südamerika verbreiteten Stilrichtung werden Elemente der spanischen Kunst mit dem Formen- und Farbenreichtum südindianischer Kultur verschmolzen. Auch die Durchgestaltung der Halbsäulen verweist auf den Mischstil. Die Bauweise läßt Rückschlüsse auf die enge Beziehung zu, die zwischen der Insel und Südamerika bestanden hat.

TOP TEN 6

Auch das Innere des äußerst dunklen Kirchenschiffes ist für Fuerteventura außergewöhnlich: Da ist einmal der Taufstein aus Granit und zum anderen das beeindruckende Gewölbe der zweischiffigen Kirche, das ganz aus Holz gearbeitet ist. Die Schnitzereien sind im sogenannten maurischen Stil gehalten, der zwischen dem 11. und 14. Jh. auf dem spanischen Festland verbreitet war.

In mehreren Kirchen auf Fuerteventura, etwa in Betancuria, in La Oliva oder in Casillas del Angel, sind die hölzernen Decken im Mudéjar-Stil ausgeführt. Ursprünglich wurde dieser christlich-maurische Mischstil in den von den Mauren besetzten spanischen Gebieten entwickelt. Die

Die Holzdecken stehen in Kontrast zu den barocken Altären: Virgen de la Regla

DER SÜDEN: PAJARA

arabischen Einflüsse mit der reichen Ornamentik mischen sich mit den romanischen und gotischen, später mit den Elementen der Renaissance.

Auffallend ist auch die ausgesprochene Farbenfreude, mit der die einheimischen Künstler und Handwerker die vielen Details verzierten.

Im Kontrast zu den einfachen **Mudéjar-Holzdecken** stehen die beiden barocken Hauptaltäre, die erst gegen Ende des 18. Jh. aufgestellt wurden. Sie beeindrucken auf den ersten Blick vor allem durch ihre reiche Goldauflage. Schaut man etwas näher hin, so erkennt man einige typische Formen der einheimischen Volkskunst: Christus, der triumphierend mit einem Fuß auf der Schlange steht und mit dem anderen auf einem Totenschädel. Die **Marienfigur**, die der Kirche ihren Namen gab, scheint eine mexikanische Arbeit zu sein. Mitgebracht wurde sie höchstwahrscheinlich von einem auf Kuba zu Reichtum gekommenen Majorero. Das Innere der Kirche wird in flutendes Licht getaucht, wenn man in den Kasten – der gleich am Eingang rechts hängt – eine 100-Peseten-Münze einwirft. Es gibt auch eine Informationstafel in deutscher Sprache.

Essen und Trinken

Im Ort findet man einige kleinere Lokale und einfache Bars. Direkt neben der Kirche befindet sich das **centro cultural** mit einer Bar, einem Restaurant und einigen Tischen auf der Terrasse, von der aus man zum Schwimmbad hinübersieht. An der Bar gibt es **tapas** und **bocadillos**; auf der kleinen Speisekarte des Restaurants sind Ziegenfleisch und Kaninchen die Spezialitäten.
Unregelmäßige Öffnungszeiten
Untere Preisklasse

Sport

Schwimmbad
Pajara hat das einzige öffentliche Schwimmbad der Insel, das in den Monaten Juni bis September geöffnet ist. Die Dorfjugend darf das Bad kostenlos benutzen.
Eingang hinter der Kirche

Ausflugsziele

Ajuy ■ D 4

In dieser Bucht mit dem feinen schwarzen Sandstrand sollen Gadifer de la Salle und Jean de Béthencourt – die Eroberer von Lanzarote – versucht haben, an Land zu kommen. Legende oder Wirklichkeit – der Platz mit dem angrenzenden Fischerdorf **Puerto de la Peña** ist ein echtes Muß bei jeder Fuerteventura-Rundreise. Von hier aus kann man eine Wanderung zu den Palmenhainen entlang des **Barranco de la Madre del Agua** unternehmen und die Felsenschluchten an der Küste erkunden. Puerto de la Peña war der frühere Hafen der alten Hauptstadt Betancuria. Am Strand liegen noch einige Fischerboote, hin und wieder kann man Fischer bei der Arbeit beobachten. Gefischt wird vor allem mit den großen eisernen Ringen, die am Strand herumliegen.

Essen und Trinken

Centro Cultural de Ajuy
Kleines Restaurant mit Terrasse am Ortseingang. Am Herd steht die Wirtin, die am liebsten Fischgerichte zubereitet.
Tgl. 9–18 Uhr
Mittlere Preisklasse

Jaula de Oro
Das Lokal ist eine Kombination aus Stehkneipe und Weinhandlung.

Zum Bier, das hier frisch gezapft wird, gibt es Schinken und Käse. Die Preise berechnet Julian Brito nach Sympathie seiner Gäste.
Tgl. außer So
Mittlere Preisklasse

Puerto de la Peña
In der Ortsmitte befindet sich dieser kleine Familienbetrieb. Hier gibt es stets frischen Fisch zu essen.
Tgl. außer So ab 11 Uhr
Mittlere Preisklasse

Fenduca ■ D 4

Von Pajara mit seinen schattenspendenden Bäumen am Kirchplatz führt eine schmale, aber vor allem kurvenreiche Paßstraße ins Herz des Berglands rund um den 609 m hohen Fenduca. Der Felsen ist ein unübersehbares Kennzeichen des westlichen Berglandes, und stets wird man mit neuen Aussichten konfrontiert. Bei klarem Wetter hat man von der Straße aus einen weiten Blick über die Vulkanlandschaft der Inselmitte. Eine Landschaft, die nicht zwangsläufig die Wanderung durch das Hügelland einschließt, da es so gut wie keine Wege gibt.

Gran Tarajal ■ D 5

Links und rechts der Straße, die zum zweitgrößten Inselhafen Gran Tarajal führt, erstrecken sich Tomatenfelder und Palmenhaine. Der Ort liegt windgeschützt in einer Bucht. Trotz seiner Strandpromenade sieht man hier selten Touristen. Dafür sitzen die Alten bei einem Schwätzchen unter den Palmen, und die Jungen amüsieren sich beim Rollschuhfahren auf dem breiten Boulevard. Das Zentrum der knapp 4 000 Einwohner zählenden Gemeinde macht einen sehr lebhaften Eindruck. Vor der kleinen Kirche im Ortszentrum steht unter schattigen Tamarisken ein Brunnen mit sprudelnden Fontänen; es gibt ein paar kleine Modegeschäfte, einen Metz-

---

DER BESONDERE TIP

Höhlenspaziergang In der Bar Jaula de Oro, direkt am Strand von Ajuy, frage man den geschäftstüchtigen Wirt nach Marcia Fernandez Rodriguez. Der 68jährige, der inzwischen zu alt zum Fischen ist, wandert dann mit seinen Gästen zur Caleta Negra, der schwarzen Höhle. Besonders Kinder haben an diesem abenteuerlichen Spaziergang ihren Spaß. Der Ausflug dauert etwa eine Stunde und führt über steile Klippen und ausgetretene Treppen in zwei sehr beeindruckende Höhlen, die rund 600 m tief sind. Am Rand der Höhlen stehen noch die Fundamente eines Leuchtturmes, den man hier einmal bauen wollte – aber das Meer war stärker... Auf dem Rückweg zeigt Ihnen Marcia noch den einstigen »Hafen« für die Schiffe, die von hier nach Teneriffa ablegten. Die Führung kostet 800 Ptas. ■ D 3

DER SÜDEN: PAJARA

Die Caleta Negra, die schwarze Höhle, ist eine Wanderung wert

ger, der deutsche Fleischwaren verkauft (Calle Juan Carolos I., Nr. 9) – und an der Strandpromenade die **Bar Playa**, in der Kaffee und Kuchen locken. In den großen Hallen am Hafen werden Tomaten gelagert, um schließlich von hier – oder aber vom Hafen Rosario aus – nach Europa verschifft zu werden.

Am Ortsausgang von Gran Tarajal führt eine gut ausgebaute Stichstraße ins knapp 4 km entfernte **Las Playas**, einem verträumten Fischerdorf. Der Ort, auch »Las Playitas«, das Strändchen, genannt, verfügt tatsächlich über einen kleinen Strand mit schwarzem Sand.

Von der **Punta de la Entallada** – dort, wo der Leuchtturm steht – hat man eine schöne Fernsicht über die Bucht und die angrenzende Landschaft.

Essen und Trinken

El Cruce
Das Restaurant steht an der Kreuzung von GC 610 und GC 640. Ein großer Speisesaal und eine überdachte Terrasse bestimmen das Anwesen.
Tgl. ab 10 Uhr (Küche nur mittags und abends), So geschl.
Untere Preisklasse

Tiscamanita ■ D 4

Eines der wenigen Bauerndörfer auf Fuerteventura, in denen noch Kartoffeln, Melonen und Mais angebaut werden. Rund um Tiscamanita, Agua de Bueyes und Tuineje sieht man auch die fußballfeldgroßen, erdgrauen Zelte, unter denen Tomaten heranreifen. Das Dorf – es gehört zu den ältesten der Insel – wird zu den Siedlungsgebieten der Altkanarier gerechnet. In der Ortsmitte steht die **Kapelle**, die zu Ehren des Evangelisten Markus geweiht wurde; der Bau stammt aus dem 17. Jh. Am Dorfrand findet man Dutzende von **Steinhäusern**, ebenfalls aus dem 17. Jh., die vor Jahren verlassen worden sind und nun langsam verfallen. Ihnen haftet eine merkwürdig sentimentale Stimmung an.

Verläßt man Tiscamanita und fährt (nur mit Geländewagen!) oder wandert ins **Malpais Grande**, das »schlechte« Land, so gelangt man zu noch älteren Siedlungsgebieten – mit einer reellen Chance, Spuren eines rätselhaften Volkes der vorspanischen Epoche zu finden. Zwischen den verfallenen Gebäuden und Steinmauern huschen Geckos umher, fingerlange Eidechsen, die sich beim Sonnenbad gestört fühlen. Die Tierchen werden wegen ihres blauen Halses auch **barba azul**, Blaubart, genannt. Ab und zu sieht man hier auch noch einen Zitronenfalter mit seinem Ochsenauge oder einen Kohlweißling. Durch die steinige Landschaft flitzen immer mal wieder ein paar Wildkaninchen – und natürlich viele **Wüstenhörnchen**: Vor Jahren wurde aus der Sahara ein Pärchen illegal eingeführt – und inzwischen sollen es Zigtausende sein, die die Insel bevölkern.

Von Tiscamanita bietet sich ein Abstecher Richtung **Agua de Bueyes** an. Hinter dem Dorf, dessen Name soviel wie »Wasser des Stieres« bedeutet, führt eine Piste durch eine bemerkenswert grüne Terrassenlandschaft. An den Hängen gedeihen Kartoffeln, Mais, Kakteen, Bambus und Palmen. Der etwa 5 km lange Weg endet an einem Steinwall. Einst war das Tal sehr wasserreich; die Spuren der ausgetrockneten Bachläufe sind in dem rotbraunen Gestein der **Vulkane Liria** und **Los Arrables** noch gut zu erkennen.

DER SÜDEN: PAJARA

Tuineje ■ D4

Das kleine Dorf mit den zahlreichen weißen Häusern ist in der Vergangenheit vor allem durch einen spektakulären Sieg über englische Freibeuter bekannt geworden: 1740 bekämpfte hier eine sogenannte Bauernwehr die einfallenden Piraten. Mehr als die Hälfte der Freibeuter wurde bei dem Kampf, in dem auch Dromedare eingesetzt wurden, getötet. Als Beute behielt man zahlreiche Gewehre – und jene zwei Kanonen, die heute den Eingang zum **Heimatmuseum in Betancuria** schmücken.

Jedes Jahr Ende September wird zum Gedenken an die Schlacht eine **Fiesta** gefeiert; in der Ortskirche **San Miguel** ist am Fuße des Altars eine naive Darstellung des Kampfes zu sehen. In der zweischiffigen Pfarrkirche, 1790 vollendet, ist auch die Mudéjar-Decke bemerkenswert. Der hölzerne Altar ist mit Darstellungen im Stil des Rokoko verziert und mit geradezu knalligen Farben bemalt – von Rosé über Grasgrün bis hin zum Himmelblau. Von einheimischen Handwerkern besonders kunstvoll gearbeitet wurden die acht Kassetten der ebenfalls hölzernen Kanzel, die mit den Bildern der Evangelisten und einiger Apostel verziert ist.

Den Schlüssel für die Kirche bekommt man im Haus gegenüber der Kirche, das durch eine Marmorgedenktafel an eine wohltätige Nonne nicht zu übersehen ist.

Die Landschaft zwischen Tuineje und Gran Tarajal ist durch große Tomatenplantagen gekennzeichnet.

Auf dem Weg nach Tarajal kommt man an vielen Tomatenfeldern vorbei

Einführung

Fuerteventura – das ist nicht nur Strandurlaub! Die karge, urtümliche Landschaft ist viele Ausflüge wert – mit dem Leihwagen, dem Fahrrad, zu Fuß oder mit dem Bus.

Die Jahre, in denen es auf Fuerteventura kaum asphaltierte Straßen gab, sind fast vergessen – heute hat die Insel das beste Straßennetz der Kanarischen Inseln! Damit aber nicht genug: Bis zur Jahrtausendwende, das hat der Verkehrsminister Ildefonso Chacón versprochen, sollen noch mehr Straßen gebaut werden. Denn ein gutes Straßennetz, so verlautet es aus dem Touristenamt, bringt noch mehr Gäste – und damit noch mehr Wohlstand, auch ins Landesinnere... Abseits der Schnellstraßen gibt es aber immer noch genügend Erdpisten, und so kommen denn auch abenteuerlustige Urlauber zu ihrem Recht. Für Überraschungen sorgt nicht zuletzt die dürftige Beschilderung der Straßen und Orte.

Von Nord nach Süd

Für Ausflüge ins Landesinnere sollten Sie mindestens zwei Tage lang ein Auto mieten. Abgesehen von einem Abstecher nach Cofete und El Jable ist aber kein Geländewagen nötig. Selbst die Strände an der Playa de Sotavento kann man, trotz Holperpisten, bei vorsichtiger Fahrweise mit einem normalen Pkw erreichen.

Wer Fuerteventura entdecken will, dem bieten sich vor allem zwei Tagesausflüge an: einmal die **Südtour** bis zum äußersten Zipfel, Faro de Jandía – und zum anderen die **Nordtour** zu den Dünen von Corralejo. Das genügt bereits, um einen ersten Eindruck von der faszinierenden Landschaft der Insel zu erhalten. Wer auf den Geschmack gekommen ist, sollte einmal die **Bergstraße zwischen Betancuria und La Pared** fahren und einen Ausflug nach **Cofete** oder **Vallebrón** unternehmen.

Reizvolle Bootstouren

Reizvoll ist ein Bootstrip zur vorgelagerten Insel **Lobos** oder zum 11 Kilometer entfernten **Lanzarote**. Obwohl es auf Fuerteventura keine Radwege gibt, mieten sich immer mehr Gäste ein Fahrrad, um damit die unmittelbare Umgebung ihres Urlaubsortes zu erkunden – auch Wanderungen in die Bergwelt sind das Richtige für Urlauber, die vor allem Ruhe suchen.

Alle wichtigen Orte und Ausflugsziele finden Sie in dem Kapitel »Sehenswerte Orte und Ausflugsziele« ausführlicher beschrieben.

Mit dem Auto

Von Morro zum Traumstrand von Cofete

Zu einer der schönsten und abenteuerlichsten Landschaften Fuerteventuras führt die Erdpiste, die oberhalb des Yachthafens von **Morro del Jable** beginnt. Sie windet sich recht kurvenreich – vorbei am Friedhof und einigen Tomatenplantagen bei den Casas de Joros – bis hin zum Kreuzungspunkt, an dem es rechts nach **Cofete** geht. Entweder biegen Sie nun nach Cofete ab – oder Sie setzen den Weg zum Leuchtturm fort; das ist lediglich eine Frage der Zeit.

Cofete und die Montaña Aguda

Wenn es noch recht früh am Morgen ist, sollten Sie jetzt nach Cofete fahren – dann haben Sie gute Chancen, die Strände an der Playa de Cofete und die sich anschließende schmale Küste der Playa de Barlovento für sich allein zu genießen.

Wer also den Weg nach **Cofete** nimmt, biegt nach rechts ab und gelangt über eine gut ausgefahrene, aber serpentinenreiche Piste bis zur **Paßhöhe** – knapp unterhalb des 495 Meter hohen **Montaña Aguda**. Auf einigen Karten ist der Gipfel als **Roque del Moro** eingetragen. Hier sollte man einen Stopp einlegen und eine der schönsten Aussichten der Insel genießen. Doch aufgepaßt: Hier oben weht stets ein heftiger Wind, der regelrecht an einem zerrt! Den Blick auf die weiten, goldglänzenden Sandstrände der **Playa de Cofete** dürfen Sie sich trotzdem nicht ent-

Ein gut ausgebautes Straßennetz verbindet alle Orte der Insel miteinander

gehen lassen – er ist wirklich einmalig schön. Wendet man sich um, übersieht man das weite Plateau des gesamten Inselsüdens. Bei guter Sicht lassen sich sogar die Vulkanspitzen bei Pajara erkennen; meistens aber verliert sich das Auge im Dunst bei **El Islote**, dem Inselchen, das die Playa de Cofete von der Playa de Barlovento trennt.

In zum Teil extremen Haarnadelkurven windet sich die Piste anschließend am Hang vorbei nach Cofete. 22 lange, anstrengende Kilometer, gerechnet von Morro del Jable, liegen hinter Ihnen, wenn die winzige Ansiedlung, die einen recht verwahrlosten und trostlosen Eindruck vermittelt, endlich erreicht ist. Die Landschaft rund um den Weiler steht unter Naturschutz; Farbtöne zwischen Rostrot und Dunkelbraun dominieren. Neben den spitzen Felsen wachsen kakteenähnliche, kandelaberförmige Wolfsmilchgewächse, hin und wieder erkennt man auch Feigenbüsche.

Mittelpunkt des aus Steinen und Brettern errichteten Dorfes ist die **Bar Cofete**, Ziel und Treffpunkt vieler Jeep-Safaris. Hier gibt es Erfrischungsgetränke, manchmal auch Ziegenbraten oder gebackenen Fisch. Das eindrucksvollste Bauwerk jedoch ist die von einer Mauer umgebene grau-weiße **Villa Winter** (→ Morro del Jable). Zu dem geheimnisumwobenen Haus führt eine steinige Piste, die nur mit einem Geländewagen befahren werden kann. Natürlich kann man auch zu Fuß gehen. Das Gebäude ist allerdings nicht zu besichtigen.

Die Strände laden zum Wandern ein

Unterhalb von Cofete liegt unser eigentliches Ziel: die berühmtesten Strände der Insel. Zur weiten **Playa de Cofete** gelangt man ebenfalls nur mit einem geländetüchtigen Fahrzeug – oder zu Fuß. Wer unbedingt an der Bucht entlangfahren will, sollte die bereits ausgefahrenen Spuren im

Zum Traumstrand von Cofete geht es durch wilde Ödnis

Regt die Phantasie an: gestrandeter Segler bei Morro del Jable

Sand benutzen – so verhindert man ein Steckenbleiben. Die sprichwörtliche paradiesische Einsamkeit – nirgendwo auf der Insel ist sie greifbarer als hier! Smaragdgrün branden die Wellen ans Ufer, ein Bad scheint verlockend. Es wird jedoch immer wieder eindringlich davor gewarnt, hier zu schwimmen: Die Unterströmung ist so stark, daß sie auch den geübtesten Schwimmer ins Meer zieht! Mit ein bißchen »Planschen« und Sonnen kann man hier aber wundervolle Stunden verbringen.

Die Strände verleiten natürlich auch zu langen Wanderungen bis hin zur **El Islote** und zur **Playa de Barlovento**, einer Steilküste mit einem – je nach Wasserstand – langen Sandsaum. Hier hört man die Stimme der Stille, hier reduziert sich alles auf Sonne, Meer, Wind, Sand und Steine...

Ursprünglich war das Gebiet um Cofete dicht bewachsen von Buschwerk, das sich speziell an die extremen klimatischen Verhältnisse angepaßt hatte. Rodungen haben aber das ökologische Gleichgewicht so stark verändert, daß viele Pflanzen hier keinen geeigneten Lebensraum mehr finden.

Zum Leuchtturm von Puerto de la Cruz

Irgendwann muß man dann aber zurück zum Kreuzungspunkt – dorthin, wo Sie nach Cofete abgebogen sind, um die Fahrt zum Zipfel der **Punta de Jandía** fortzusetzen. Der Leuchtturm und das Windrad bei dem winzigen Fischerdorf **Puerto de la Cruz** weisen den Weg. Diese Piste geht quer über das weite Plateau; kurz vor dem Dorf mündet sie in eine Teerstraße, die bis zum Leuchtturm führt.

Beim Dorf findet man zahlreiche kleine und kleinste Badebuchten mit weißem Sand. Im Ort selbst gibt es zwei Restaurants, die täglich geöffnet haben – und sich gegenseitig heftig Konkurrenz machen.

Die Steilküsten-Straßen

Die asphaltierte Straße führt nun an der **Playa de Ojos** vorbei zur **Punta Pesebre**. Schon von weitem erkennt man dort ein merkwürdiges Bauwerk, das sich bei näherem Augenschein als eine mächtige Tür erweist, die ummauert ist. Angeblich handelt es sich bei diesem Gebäude um ein Signalzeichen für Seefahrer!

Von der Punta Pesebre schlängeln sich verschiedene Stein- und Staubpisten an der eindrucksvollen Steilküste entlang – bis hin zum 189 Meter hohen **Las Talahijas**. In dieser Gegend vermutet man verschiedene Siedlungsstätten der Altkanarier.

Karte: Peninsula de Jandía
→ Klappe hinten
Dauer: Tagesausflug

Mit dem Auto

Die Bergstraße nach La Pared

Der kleine Ort Valle de Santa Inès mit seinen steilen Gassen und einigen renovierten, weißen Mühlen, die vor der braunen Landschaft ein schönes Fotomotiv abgeben, ist bekannt wegen der hier hergestellten Tonarbeiten (→ Einkaufen). Hier, hinter dem Friedhof (auf der linken Seite), beginnt die gut ausgebaute, serpentinenreiche Straße nach La Pared. Die Berglandschaft rund um den 645 Meter hohen **Tegu** weckt zwar nicht gerade romantische Gefühle, ist aber in ihrer majestätischen Schlichtheit sehens- und auch begehenswert.

Es gibt allerdings keine **Wanderkarten**, und so muß sich, wer zu Fuß unterwegs ist, seinen Weg auf ausgetretenen Ziegen- und Eselspfaden selber suchen. Immer wieder aber wird man von den Ausblicken über das Meer und die bizarren Täler mit ihren ausgewaschenen Flußbetten überrascht sein.

Die Autostraße jedoch führt uns bald hinein nach **Betancuria**. Hier gibt es ein kleines **Heimatmuseum** mit Ausgrabungsfunden zur geologischen und naturhistorischen Geschichte Fuerteventuras: Die vorspanische Zeit, die Eroberung der Insel, das bäuerliche Alltagsleben – alles wird hier liebevoll präsentiert; besonders schön ist der Innenhof des ehemaligen Bauernhauses (→ Puerto del Rosario).

Folgt man der Bergstraße weiter Richtung Pajara, so gelangt man zunächst nach **Vega de Rio Palmas**, ein bäuerliches Dorf, dessen fruchtbares Barranco-Tal einen Abstecher wert ist. Parallel

Üppige Vegetation im Oasental bei Vega de Rio Palmas

dazu führt die Bergstraße windungsreich und mit faszinierenden Ausblicken über das Bergmassiv rund um den 609 Meter hohen **Fenduca** weiter nach **Pajara**. Nach einer Besichtigung der Kirche **Virgen de la Regla** und vielleicht einem Mittagessen in der benachbarten **casa cultura** hält man sich auf der Hauptstraße rechts, um an der folgenden Abzweigung entweder einen Abstecher nach **Ajuy** einzuschieben oder gleich hinauf zum Bergpaß in Richtung **La Pared** weiterzufahren.

Unsere Route führt nun durch eine der malerischsten und eindrucksvollsten Landschaften von Fuerteventura: Rund 30 Kilometer lang geht es auf und ab durch die erloschene Vulkanwelt, deren Gipfel zum Teil über 600 Meter hoch sind, wie beispielsweise der des **La Tablada**. Manchmal hängt Nebel über der Küste; meist jedoch weht ein heftiger Wind, immer aber sind die Ausblicke von wilder Romantik.

Hinter einem militärischen Übungsgelände der Fremdenlegion (Betreten streng verboten!) führt bei **Cortijo de Chilegua** rechts eine schmale, unbefestigte Piste hinunter zur Küste.

Sie durchfahren nun den 5 Kilometer breiten **Istmo de la Pared**, die schmalste Stelle der Vulkaninsel, und stoßen schließlich auf die Landstraße GC 640. Von dort geht es nach links nach **La Lajita**. Hinter der Kamelstation biegen Sie wiederum links ab in Richtung **Cardón** und **Teserjarague**. Obwohl die Straßen auch hier inzwischen gut ausgebaut sind, sieht man doch kaum Touristen. In dieser weiten Landschaft ist vielmehr noch ein Teil des bäuerlichen Fuerteventura erhalten geblieben. Zwar wird der Blick auf die sanft gerundeten Vulkane durch Autowracks, einige wilde Müllkippen und patrouillierende Fremdenlegionäre getrübt – aber es bleibt doch noch genügend Schönes. So findet sich etwa bei **Morrete de Marcos Sanchez** ein verfallenes Hirtendorf; bei **Cardón**, das am Hang der 691 Meter hohen **Montaña Cardónes** liegt, sieht man weite Flächen, bewachsen mit den bizarr geformten Euphorbia canariensis, die als »Cardónes« dem Berg und dem Dorf ihre Namen gegeben haben. Das Wolfsmilchgewächs sondert einen giftigen Saft ab – ein Grund, warum Ziegen es in Ruhe lassen. Neben diesem seltenen kakteenartigen Strauch sieht man auch Silberdisteln, an manchen Stellen blüht kanarischer Lavendel, und die Opuntienkakteen tragen üppige Früchte, die kein Bauer mehr erntet.

Vorbei an den Dörfern Tesejarague und La Florida fahren Sie schließlich weiter Richtung Norden; in **Tuineje** erreicht man die Hauptstraße und ist bald wieder am Ausgangspunkt der Tour.

Karte: → Klappe vorne
Dauer: Tagesausflug

Mit dem Auto

Zum Nationalpark Timanfaya auf Lanzarote

Zwischen Corralejo (Fuerteventura) und Playa Blanca (Lanzarote) verkehren mehrmals täglich Fähren. Von der ausgebauten Schnellstraße in Richtung Yaiza führt eine serpentinenreiche Straße durch das Atalaya-Bergmassiv nach **Femés**. Am Platz hinter der Kirche San Marchial öffnet sich ein eindrucksvoller Blick über die weite **Rubicón-Ebene**, die sich rund um die Urbanisation Playa Blanca erstreckt. Bei klarem Wetter kann man sogar die Küstenumrisse von Fuerteventura sehen und die faszinierenden Sonnenuntergänge beobachten.

Abstecher zu den Papagayo-Stränden

Schlangenlinienförmig windet sich die Straße den Berg hinunter zu den äußerst beliebten und hellsandigen **Papagayo-Stränden**. Endlos erstreckt sich die Straße dann zu den **Salinen von Janubio**. Dort wird noch regelmäßig Meersalz produziert. Eine schmale, sehr befahrene Straße führt zu den vielfotografierten Klippen von Los Hervideros und zum **Lagunensee El Golfo**. In dieser Landschaft findet man noch an manchen Stellen den grünlichen Olivin. Dieser Stein wird gern zu Schmuck verarbeitet.

Auf der von Palmen und Geranien gesäumten Allee geht es nun weiter nach **Yaiza**. Es gilt als schönstes Dorf der Insel, allerdings rauscht auf der Hauptstraße der gesamte Straßenverkehr zwischen dem Nord- und Südteil der Insel durch. Wenn die Kirche de Los Remedios geöffnet ist, sollte man sich die kunstvoll geschnitzte hölzerne Decke anschauen. Von Yaiza führt der Weg rund 15 Kilometer lang durch den **Nationalpark Timanfaya** (täglich 9–16.45 Uhr, Eintritt 700 Ptas, Restaurant 12–15.45 Uhr, Tel. 84 00 57).

Faszinierende Vulkanlandschaft

Vom Treffpunkt **Tremesana** aus kann mit einem Führer zwei Stunden lang durch die Vulkanlandschaft geklettert werden. Die Lavalandschaft mit ihren beinahe zweihundert Vulkankegeln zählt zu dem Eindruckvollsten, was die Insel zu bieten hat.

Sehenswert sind der Wein- und Feigenanbau bei La Geria und Masdache. Ebenso schwarz wie die Umgebung ist auch die Straße, die an den Weinbergen vorbeiführt, in denen die Malvasiertrauben heranreifen. Einige Weingüter an der Straße laden zum Probieren ein. Über Yaiza gelangt der Besucher wieder nach Playa Blanca, wo die Fähre zurück nach Fuerteventura fährt.

Karte: Lanzarote → Klappe hinten
Dauer: Tagesausflug

MIT DEM JEEP

Routen und Touren

El Jable, die Wüste

Spektakulär und kaum bekannt ist eine Fahrt mit dem Geländewagen durch das Gebiet von El Jable. Am **Barranco de Pecenescal**, der von der GC 640 zwischen Boca del Salmo und der Abfahrt zum Hotel Los Gorriones abzweigt (links von der Relaisstation des E-Werkes ein Pfad), führt ein sandiger Weg in die Wüste. Die Piste ist ein Hohlweg, der wegen seines hellgelben Sandes auffällt. Nach etwa zwei Kilometern wird der Pfad immer steiniger; anstelle von Sand holpert man nun über Kiesel und Lavasteine. Von dem Hohlweg führen verschiedene Pisten auf die angrenzenden Hügel hinauf, zum Teil ist die Strecke gepflastert. Oben angekommen, erstreckt sich bis zum Horizont ein Meer aus weißem Muschelsand...

Man kann nun entweder den Wagen auf der Anhöhe stehenlassen und den Weg bis zur Steilküste zu Fuß zurücklegen – oder aber vorsichtig durch das Gelände fahren. In dieser eindrucksvollen fossilen Dünenlandschaft entdeckt man nicht nur Panzer von Insekten, Vogeleierschalen und Schneckengehäuse, sondern auch Spuren, die zigtausend Jahre des Zusammenspiels von Wind und Wasser hinterlassen haben, z.B. kleine Skelettstücke von Lebewesen des Meeres und des Landes.

Hier kann es übrigens außergewöhnlich heiß werden – auch im Winter; deshalb sollte der Ausflug nicht unbedingt um die Mittagszeit herum unternommen werden. Auf dem Rückweg, wenn man den sandigen Hohlweg wieder verlassen hat, sollte man sich auf den ausgefahrenen Pisten gut rechts halten. Dann nämlich kommt man an den verlassenen und zum Teil verfallenen Steinhäusern der **Casa de Pecenescal** und **Casas de los Canarios de Amba** vorbei

Karte: Peninsula de Jandía
→ Klappe hinten
Dauer: 3–4 Stunden

Einen Ausflug in die »Wüste«, El Jable, macht man am besten mit dem Jeep

Zu Fuss

Aufstieg zum Pico de la Zarza

Der Aufstieg zum höchsten Gipfel der Insel ist mitunter etwas beschwerlich, lohnt aber die Mühe unbedingt. Der Ausblick bei schönem Wetter ist wahrlich atemberaubend.

Ausgangspunkt der Wanderung ist der Taleingang des **Barranco de Vinamar** am Ortsrand von Morro del Jable. Hinter dem Hotel Riu Ventura führt ein schmaler Weg bergan. Nach ein paar Minuten zweigt ein steiniger Pfad links ab; jetzt beginnt der eigentliche Aufstieg.

Im Rücken liegt der weiße Sandstreifen der **Playa del Matorral**, längs des Weges schauen Sie in tief eingeschnittene Täler hinab. Der Weg endet nach etwas über einer Stunde auf einem Parkplatz.

Von hier steigen Sie auf Ziegenpfaden geradeaus auf den Berggipfel zu. Nach einer weiteren halben Stunde haben Sie den höchsten Punkt der Insel erreicht. Genießen Sie den grandiosen Rundblick über die Bucht von Cofete und das weite Meer. Nicht eine Ferienanlage hat sich an diesem herrlichen Strand angesiedelt, denn das Meer ist hier viel zu gefährlich zum Baden. An den Hängen erkennt man noch Reste des früheren Bergwaldes. Wiederaufforstungsversuche sind bisher wenig erfolgreich. Von der »Brombeerspitze«, so heißt der Berg übersetzt, kann man den gesamten Süden der Insel erblicken und bei klarer Sicht die Gipfel bei La Pared.

Der Rückweg ist weniger beschwerlich. Feste Schuhe und Regenzeug sollten für diese Wanderung zur Ausrüstung gehören, auch Trinkwasser ist zu empfehlen.

Karte: Peninsula de Jandía
→ Karte hinten
Dauer: etwa 4,5 Stunden,
der Weg ist etwa 15 km lang

Die grandiose »Skyline« an der Westküste

Wanderung zur Montaña Tindaya

Zwischen La Oliva und Tefia erhebt sich ein recht auffallender Gipfel, die Montaña Tindaya. Der 397 Meter hohe Berg, der unter Naturschutz steht, soll den Altkanariern als Opferstätte gedient haben.

Vom Dorf **Tindaya** aus wandert man hinter dem Elektrizitätsturm nach rechts, biegt dann nach weiteren 200 Schritten nochmals rechts ab und wandert auf den »Steinbruch« zu. Der Weg auf den Gipfel ist nicht zu verfehlen, und der Blick vom Gipfel ist die Mühsal wert. Aber auch die **Guanchenzeichnungen**, die unterhalb des Gipfels in den Fels gehauen wurden und teilweise aussehen wie Fußspuren, sind den Aufstieg wert.

Auf den Spuren der Altkanarier

Die **Altkanarier**, die wohl von der Cromagnonrasse abstammen, waren aller Wahrscheinlichkeit nach wegen einer Klimaveränderung von Südfrankreich über Spanien nach Nordafrika gewandert, um sich schließlich auf den Kanarischen Inseln niederzulassen. Ein Chronist beschreibt sie als freundlich, groß und hilfsbereit: »Fahrt durch die ganze Welt, doch nirgendwo werdet ihr schönere und stattlichere Menschen finden als auf diesen Inseln«. Obwohl die Altkanarier über das Meer gekommen waren, gelten sie nicht als Seefahrer, sondern als Hirten und Jäger.

In ihrer Gesellschaft kannte man drei Gesellschaftsschichten: Die oberste bildete der König mit seiner Familie, die zweite setzte sich aus den Edelleuten zusamen, die dritte und unterste Kaste bildeten die Hirten. Die spanischen Chronisten sind nicht nur von der herzlichen Gastfreundschaft, der Ehrfurcht vor dem Alter, der Liebe zu den Mitmenschen und ihrem Respekt vor der Natur erstaunt, sondern auch über die Art der Familien. So konnte eine Frau drei Ehemänner haben. Jeder Ehemann in dieser »poliandrá« wechselte im monatlichen Rhythmus in seiner Rolle als Ehemann und Hirte. Der Grund für diese Familienstruktur war nach Meinung der Wissenschaftler ein Männerüberschuß, bedingt durch Piratenüberfälle, die vor allem Frauen in die Sklaverei entführten. Auch die Erbfolge war an die weibliche Linie geknüpft.

Die Schriftzeichen, die Sie auf Ihrer Wanderung auf die Montaña Tindaya entdecken werden, die rätselhaften Kringel, Spiralen und Linien, wurden noch immer nicht entschlüsselt. Ähnlichkeiten bestehen mit den ägyptischen Hieroglyphen und den nordischen Inschriften des Megalithikums. Betrachten Sie die Zeichen und fühlen sich zurückversetzt in die altkanarische Ära.

Karte: → Klappe vorne
Dauer: 2–3 Stunden

Zu Fuss

Beim Dorf Tindaya wird Trockenfeldbau betrieben

Mit dem Schiff

Ausflug nach Lobos

Eine knappe halbe Stunde von **Corralejo** entfernt liegt die Insel **Lobos**, Heimat der Mönchsrobben. Das seit 1982 unter Naturschutz stehende Vulkaneiland, von dessen 127 Meter hohem Gipfel **Montaña Lobos** Sie einen schönen Blick zu den Feuerbergen von Lanzarote und zur Dünenkette bei Corralejo haben, gilt zwar nicht unbedingt als Badeziel; dafür hat das Inselchen aber einen anderen entscheidenden Vorteil: Schnorchler und geübte Taucher finden hier erstklassige Bedingungen für ihren Sport. Denn die Meeresenge zwischen der Isla de los Lobos – immerhin bis zu 15 Meter tief – ist eine wahre Schatzgrube, was Unterwasser-Flora und -Fauna angeht; sie gilt mit als ergiebigster und reichster Unterwasserpark der Kanarischen Inseln. Von der Felsküste aus können aber auch Nichttaucher seltene Fische entdecken: Im klaren Wasser sieht man Schwärme von **viejas**, einem schmackhaften Fisch mit auffallend leuchtend blau-rot-gelben Streifen; dann gibt es noch den sogenannten Grünfisch, Seehechte, Muränen – und viele andere mehr, die über die algenbewachsenen Basaltfelsen und durch die weiten Seegraswiesen huschen. Tauchen hat sich längst zu einer der populärsten Sportarten auf Fuerteventura entwickelt. Während in vielen europäischen Wassersportgebieten die Liebhaber dieses Sportes unmittelbar mit der Verschmutzung des Wassers und anderen Beschränkungen in Berührung kommen, kann man hier noch im sauberen Meer bei

Erstklassige Strände für Schnorchler: Insel Lobos

angenehmen Wassertemperaturen tauchen. Und natürlich hat sich das auch bereits als Geheimtip herumgesprochen.

Früher Pirateninsel, heute Tauchparadies

Über die ehemalige **Pirateninsel**, die bereits dem englischen Freibeuter Francis Drake als Zufluchtsort diente, führt ein abwechslungsreicher Spazierweg. Erstmals erwähnt wurde Lobos übrigens auf einer Karte aus dem Jahre 1339: als »Vecchi marini«, Insel der Meergreise. Und Gadifer de la Salle, Verbündeter des Fuerteventura-Eroberers Jean de Béthencourt, jagte auf Lobos nach Seehunden – was ihm zum Verhängnis werden sollte: Während seiner Abwesenheit wurde auf Lanzarote gegen ihn geputscht. Den anschließenden Machtkampf gewann zwar de la Salle – letztlich wurde er aber doch von Béthencourt ausgebootet, und so kehrte der »Co-Eroberer« enttäuscht nach Frankreich zurück.

Ein Spaziergang zum Leuchtturm

Über den schroffen und kantigen Klippen der 6 Quadratkilometer großen Insel liegt ein Hauch von Weltabgeschiedenheit. Bei einem Spaziergang zum **Leuchtturm** beispielsweise begegnet man vermutlich keiner Menschenseele. Von der Anlegestelle aus geht man zunächst etwa 500 Meter zum Weiler **Casas El Puertito**; von hier aus sind es noch etwa vier Kilometer. Der **Faro de Martino**, erbaut 1863, steht am gleichnamigen Basaltfelsen. Vom Leuchtturm aus führt ein Pfad weiter ins Inselinnere und zur **Montaña Lobos**, dem höchsten der zahlreichen **Vulkankegel** von Lobos. Der Aufstieg ist zwar etwas beschwerlich – aber der Blick vom Kraterrand über alle drei Inseln – Lobos, Lanzarote und Fuerteventura – entschädigt für jeden mühsamen Schritt! Das Alter des Vulkankegels wird auf rund 10 000 Jahre geschätzt. Wieder am Fuß des Kraters angekommen, muß man etwa eine halbe Stunde laufen, um zur Badebucht **Playa de la Madera** zu gelangen. Von hier sind es dann noch rund 1,5 Kilometer – und man ist wieder an der Mole, um mit dem Boot über die zwei Kilometer breite **Meerenge El Rio** nach Corralejo übersetzen zu können. Gelegenheit zum Essen bietet auf Lobos übrigens der ehemalige Leuchtturmwärter Antonio. In der Regel haben Sie aber nur die Wahl zwischen gebackenem Fisch und Paella.

Von Corralejo aus fährt das Boot morgens um 10 Uhr nach Lobos, um 16 Uhr geht es wieder retour. Man kann entweder mit dem Fischerboot **Poseidon** fahren oder mit dem Glasbodenboot **El Majorero** übersetzen. Wer auf Lobos übernachten will, muß sich rechtzeitig anmelden, und zwar bei Antonio Hernández Páez, Tel. 86 67 39.

Karte: → Klappe vorne
Dauer: Tagesausflug

Ein Tag auf Lanzarote

Von Corralejo aus sind die mächtigen Vulkanberge der Nachbarinsel den ganzen Tag lang deutlich zu erkennen. Kein Wunder, daß manche Fuerteventuraurlauber da den Wunsch verspüren, einmal die »Feuerinsel« mit dem **Parque Nacional de Timanfaya** zu besuchen. Seit es täglich mehrere Fährverbindungen gibt, kann man eine Exkursion nach Lanzarote auch wirklich bequem an einem Tag bewältigen.

Zwei Möglichkeiten bieten sich an: Entweder Sie buchen einen Ausflug bei Ihrem Reiseveranstalter – oder Sie fahren einfach auf eigene Faust hinüber, das ist nur eine Frage des Preises und der Organisation. Bei einem Tagesausflug sollte man sich jedoch auf den Besuch der **Feuerberge** und eine Fahrt durch das **Weinbaugebiet** bei La Geria beschränken. Sinnvollerweise mieten Sie sich dann auf Fuerteventura ein Auto und setzen damit nach Lanzarote über, um möglichst unabhängig zu sein.

Kamelritt über Lavahänge

Von Corralejo aus dauert die Überfahrt rund 45 Minuten. Von **Playa Blanca**, dem Ankunftshafen auf Lanzarote, führt eine Schnellstraße nach Yaiza; von dort geht es zum Naturschutzpark **Timanfaya** und den »Feuerbergen«. Vor dem Eingang zum 20 Quadratkilometer großen Nationalpark **Montaña del Fuego** stehen bis zur Mittagsstunde Hunderte von Kamelen bereit, um Touristen eine knappe halbe Stunde lang über die Lavahänge zu schaukeln. Eindrucksvoller jedoch ist es, wenn Sie eine Eintrittskarte lösen und sich von einem Bus durch die chaotische Welt der Urzeit chauffieren lassen – Musik und fachmännische Führung inklusive (→ Routen und Touren, Mit dem Auto). Die Kegel und Krater sind zwischen 1730 und 1736 entstanden, als die Vulkane sechs Jahre lang pausenlos feurige Lava ausspuckten; die letzten Vulkanausbrüche wurden 1824 registriert.

Moderne Kunst in archaischer Landschaft

Nachdem Sie einen Eindruck von jener »Mondlandschaft« erhalten haben, geht es weiter durch die Lavalandschaft in Richtung **Tinguation** und dann nach **Mozaga**. Dort, am Kreuzungspunkt, steht das umstrittene Denkmal **Monumento al Campesino**, ein Frühwerk des Ende 1992 bei einem Verkehrsunfall ums Leben gekommenen Lanzaroter Künstlers Cesar Manrique. Unterhalb der aus Wassertanks hergestellten, 15 Meter hohen Skulptur befindet sich ein im kanarischen Stil eingerichteter Bauernhof mit Restaurant. Hier kann man gut, aber nicht gerade preiswert essen. Manrique erinnert mit seinem Denkmal daran, daß die Landwirtschaft jahrhundertelang Grundlage von

Lanzarotes Wirtschaft war. Besonders in Zeiten der Verdrängung der Landwirtschaft und der Fischerei durch den massiven Ausbau des Tourismus kann es auch als Appell an die Lanzaroteños verstanden werden, alte Traditionen zu bewahren.

Weinanbau prägt die Landschaft

An derselben Kreuzung biegt man sodann nach rechts ab und fährt durch eine der merkwürdigsten Landschaften der Kanarischen Inseln: Zu Tausenden bestimmen kunstvoll gebaute Trichter, in denen Rebstöcke vor dem Wind geschützt werden, die dunkle Vulkanlandschaft. Diese speziell auf den Kanarischen Inseln erfundene Trockenanbauweise heißt Enarenado. Sie beruht auf dem – durch das schwarze Lavagestein verstärkten – Temperaturgegensatz zwischen Tag und Nacht, der in Bodennähe zu Feuchtigkeitsbildung führt.

Zwischen **Masdache** und **La Geria** findet man zahlreiche Weingüter. Hier können Sie die drei verschiedenen Lanzaroteweine probieren (pro Gläschen 70 Peseten) und natürlich auch kaufen. Zwar beteuern alle Winzer, daß sie ihren Wein nicht mit spanischen oder tunesischen Weinen »strecken« – aber es bleiben Zweifel. Bekannt sind die Weingüter **El Grifo** und **La Geria**. Wenige Kilometer weiter erreicht man das Dorf **Uga**, dessen weiße Häuser mit den schwarzen Lavahängen kontrastieren. Hohe Palmen geben dem Ort sein nordafrikanisches Flair. Hier verläßt man das zweifellos sehr eindrucksvolle Weinbaugebiet und fährt auf der neuen Schnellstraße nach **Playa Blanca** zurück.

Wenn Sie noch etwas Zeit haben, schlendern Sie ein wenig am Hafen entlang. Parkbänke an der schön bepflanzten Uferpromenade laden zu Ruhepausen ein. Der Blick schweift von dort übers Meer zum 15 Kilometer entfernten Fuerteventura. Wer von seinem Tagesausflug ein Mitbringsel mitnehmen möchte, findet in dem Einkaufszentrum in der Nähe des Hafens bestimmt etwas.

Weitere Tips und Informationen finden Sie im MERIAN live!-Band »Lanzarote«.

Fähren:
Corralejo – Playa Blanca:
tgl. 8, 8.30, 10, 10.50, 14.30, 16.15, 18 und 18.40 Uhr
Playa Blanca – Corralejo:
7.20, 9, 9.40, 11, 15, 17.30 und 19 Uhr
Eine Rückfahrkarte kostet für Erwachsene 3 000 Ptas, Kinder zahlen die Hälfte. Der Preis für einen Pkw inklusive Insassen beträgt rund 11 000 Ptas.
Bei den Reiseveranstaltern kostet der Tagesausflug 9 100 Ptas (ab Jandía) bzw. 7 700 Ptas (ab Corralejo).
Tel. 81 25 34 und 51 75 50

Karte: Lanzarote → Klappe hinten
Dauer: Tagesausflug

Zur Insel Graciosa

Die Insel, von Sand, Fels und Dünen geprägt, erreicht man mit einem Fischerboot von **Orzola** auf Lanzarote aus. In Gruppen oder individuell. Die Überfahrt durch den strömungsreichen Meeresarm **El Rio** kann sehr stürmisch verlaufen – auch bei gutem Wetter. Die Passagiere kommen im einzigen Dorf der Insel, Caleta del Sebo, an. Der normannische Seefahrer Béthencourt taufte die Insel 1402 »die Anmutige«.

Karge Ebenen und weiße Sandbuchten

Auf Graciosa fahren keine Autos und keine Busse. Wenn Sie die Insel besuchen wollen, müssen Sie sich also auf Schusters Rappen machen. Die Entfernungen sind allerdings auch so gering, daß man kein Hochleistungssportler sein muß, um die Insel zu erkunden.

Von dem Ort Caleta del Sebo kommt man auf einem Saumpfad längs der steinigen Küste nach **Pedro Barba**, einer Feriensiedlung der Lanzarotiner. Von dort geht es nach Punta Gorda, um dann zum **Muschelstrand**, der Playa de las Conchas, zu gelangen. Das Baden auf dieser Seite von Graciosa ist beinahe unmöglich, die tückische Strömung des Atlantiks überlistet selbst geübte Schwimmer. In der Ferne sind Montaña Clara und Alegranza sowie der Roque del Oeste zu erkennen – das erste Stück Land, das der Kanarenoberer Béthencourt von dieser Inselwelt sah. Die Vulkanfelsen sind ein Zufluchtsort für Seevögel. Seeadler und der Eleonore-Falke brüten dort. Von der Küste führt der staubige Pfad durch ein mit Schnecken übersätes Gebiet. Nur ein paar vom Wind zerzauste Sträucher, aber keine schattenspendenden Bäume wachsen in dieser Ebene von geschmolzener und ineinandergewrungener Lava. Dazwischen weiße Sandbuchten mit türkisfarbenem Wasser. Beim Anblick der hellen Strände von **Playa Francesa** glaubt man gern die Legende, daß Gott nach der Erschaffung der Erde seine rechte Hand auf Graciosa aufstützte, um sich auszuruhen und sein Werk zu bewundern.

Fast die gesamte Insel steht seit 1986 auf Anregung César Manriques unter Naturschutz. Daher darf auf Graciosa auch nicht wild gecampt werden, wie dies sonst auf den Inseln geduldet wird. Unter Schutz steht auch die Fauna des schmalen Meeresarmes El Rio zwischen Graciosa und Lanzarote.

Der Tourismus hält Einzug

Caleta del Sebo zählt rund fünfhundert Einwohner. Allabendlich treffen sich die Männer, zum großen Teil noch Fischer, zum Boulespiel. Es lebt sich gut auf dem entrückten Eiland. Eine eigene Meerentsalzungsanlage sorgt für Trinkwasser, mit dem Fischfang läuft es zufriedenstellend. Der Touristenboom auf Lanzarote sorgt für weitere Arbeit, für Ausflugstouristen und damit für einen schönen Nebenverdienst. Drei Pensionen sowie vier Bars und Restaurants gibt es bereits. Sie sind entweder über das öffentliche Insel-Telefon, das teléfono público (Tel. 84 00 93), erreichbar oder direkt: Bar Enrigheta (Tel. 81 02 51), Bar Girasol (Tel. 84 00 93). Der schöne Strand von Caleta del Sebo, Playa salado, liegt westlich des Hafens.

Anfahrt und Auskunft

Fähren verkehren täglich zwischen 10 und 11 Uhr ab Orzola, am späten Abend gegen 16 und 17 Uhr (relativ ruhige See vorausgesetzt). Der Fahrpreis liegt bei 900 Ptas. Bei den Pensionen auf der Insel sollten keine westdeutschen Maßstäbe angelegt werden. Die Preise liegen bei 2 000 Ptas pro Person und Nacht.

Auskunft über Fahrten zur unbewohnten Insel Alegranza erhalten Sie beim Leuchtturmwärter. Er fährt in regelmäßigen Abständen zur Inspektion auf die erst seit einigen Jahren völlig verlassene Insel. Agustin Pallares Pasilla, Tel. 81 08 81.

Dauer: Tagesauflug

FUERTEVENTURA VON A BIS Z

WICHTIGE INFORMATIONEN

Auskunft

Staatliches Spanisches Fremdenverkehrsamt

In der Bundesrepublik Deutschland
Bethmannstr. 50–54
60311 Frankfurt a.M.
Tel. 0 69/72 50–33/–38
Graf-Adolf-Str. 81
40210 Düsseldorf
Tel. 02 11/37 04 67
Postfach 15 90 14
80051 München
Tel. 0 89/53 01 58

In Österreich
Rotenturmstr. 27
1010 Wien
Tel. 02 22/53 14 25/5 33 31 91

In der Schweiz
Seefeldstr. 19
8008 Zürich
Tel. 01/35 95 94/–95

Auf Fuerteventura
Patronato de Turismo
Calle 1 de Mayo, 33
Puerto del Rosario
Tel. 85 10 24
Mo–Fr 10–13 Uhr

Apotheken

Apotheken gibt es in jedem größeren Ort. Die **farmacias** sind an einem grünen Malteserkreuz erkennbar.
Mo–Fr 9–13 und 16–20 Uhr,
Sa 9–13 Uhr

Autovermietung

Autovermietungen gibt es in allen Urlaubszentren, auch Hotels und Apartmentanlagen haben oft entsprechende Büros. Die Preisunterschiede zwischen den einzelnen Unternehmen können erheblich sein: Ein Kleinwagen kostet zwischen 5 500 und 12 000 Ptas für drei Tage, für zwei Wochen zwischen 36 000 und 50 000 Ptas. Geländewagen gibt es pro Tag ab 5 000 Ptas (plus Versicherung). Um ein Auto zu mieten, benötigt man den nationalen **Führerschein** und den **Reisepaß**.

Die Straßen auf Fuerteventura gehören zu den besten der Kanaren. Ein Geländewagen ist lediglich für einige extreme Strecken notwendig. Auf jeden Fall sollte aber eine **Insassen- und Vollkaskoversicherung** abgeschlossen werden. Bevor Sie den Wagen übernehmen, prüfen Sie Reifen und Bremsen – und achten Sie darauf, daß auch ein Reserverad vorhanden ist!

Beschwerdebuch

In den Hotels und Restaurants liegt für Gäste ein Beschwerdebuch aus. Das »Aviso-Warning-Avis-Anzeige« sollte man anfordern, wenn man sich über das Essen oder ungerechtfertigte Preise beschweren will. Berechtigte Klagen werden von den Behörden sehr ernst genommen.

Bevölkerung

Die zweitgrößte kanarische Insel ist mit 24 Einwohnern pro Quadratkilometer die am dünnsten besiedelte. Etwa 40 000 Menschen leben heute hier; bis zum Jahr 2010 soll sich die Zahl verdoppeln. Die **Majoreros**, so ihr ursprünglicher Name, stammen angeblich von Berbern ab. Erste Spuren einer systematischen Besiedlung wurden für die Zeit um Christi Geburt nachgewiesen. Knapp die Hälfte aller Einwohner lebt in der Hauptstadt Puerto del Rosario, und rund 40 Prozent der Bevölkerung sind jünger als 20 Jahre.

Fuerteventura von A bis Z

Busverkehr

Transportes Fuerteventura
Calle Alfonso XIII, 25
Puerto del Rosario
Tel. 85 09 51
Das öffentliche Verkehrsnetz ist noch im Aufbau begriffen. Insgesamt gibt es neun Routen, die alle wichtigen Orte der Insel täglich mindestens zweimal verbinden.
Hauptlinien:
Route 1: Puerto del Rosario – Morro del Jable
Route 3: Puerto del Rosario – Caleta de Fustes
Route 6: Puerto del Rosario – Corralejo

Camping

Es gibt keinen offiziellen Campingplatz auf Fuerteventura. Auch wenn es nicht ausdrücklich erlaubt ist, wird wildes Camping in Küstennähe doch geduldet.

Diplomatische Vertretungen

Spanische Botschaften
In der Bundesrepublik Deutschland
Schloßstraße 4
53115 Bonn
Tel. 02 28/21 70 94

In Österreich
Argentinierstraße 34
1040 Wien
Tel. 02 22/65 91 66

In der Schweiz
Brunnadernstraße 43
3000 Bern
Tel . 0 31/44 04 14

Auf Fuerteventura gibt es keine Konsulate. Sie befinden sich auf **Gran Canaria** in **Las Palmas**.

Bundesrepublik Deutschland
Calle Franchy Roca, 5
Tel. 27 57 00
Mo–Fr 9–12 Uhr

Zeit für einen kleinen Plausch ist immer

Republik Österreich
Hotel Eugenia Victoria
Playa del Inglés
Tel. 76 25 00

Schweiz
Calle El Cid, 38
Tel. 27 45 44
Mo–Fr 9–13 Uhr
Tel.-Vorwahl von Gran Canaria: 928

Emigration

Die südamerikanischen Länder, z.B. Peru oder Venezuela, waren die Emigrationsziele zahlreicher Inselbewohner, als der Tourismus auf den Kanaren noch nicht für bescheidenen Wohlstand sorgte. Jahrelange Trockenheit, Hungersnöte, der wirtschaftliche Niedergang bei der Cochenillezüchtung und beim Ackerbau waren ebenso Gründe für die Auswanderung wie die politische Unterdrückung vieler Inselbewohner durch das Franco-Regime. Bis in die sechziger Jahre dauerten die Emigrationswellen. Die südamerikanische Stadt Montevideo wurde von 50 kanarischen Familien gegründet.

Enarenado

Das ist das Geheimnis, mit dem die Bauern Tomaten und Zwiebeln, Wein und Feigen, Kartoffeln und Melonen ernten. Jener Trockenfeldanbau hat den Einwohnern auf ihren Vulkaninseln das Überleben gesichert: Auf das Feld oder in eine gegrabene Mulde kommt eine Schicht Mutterboden – zumeist aus dem Atalaya-Gebirge bei Femés. Darauf wird eine dicke Schicht **lapilli**, **picon** oder **arena** geschüttet. Jene blauschwarzen Lavasplitter, zwischen fünf und fünfzig Millimeter groß, haben zwei Eigenschaften: Zum einen beschweren sie den Boden, damit die fruchtbare Krume vom ständig über die Insel wehenden Passatwind nicht fortgetragen wird, und anderseits saugt der poröse Stein die Luftfeuchtigkeit auf und gibt sie an die Pflanzenwurzeln weiter. Für hochwachsende Pflanzen wie Weinreben und Feigenbäume werden halbrunde Mauern aufgeschichtet, bei Gurken oder Bohnen werden Kisten, Strohballen oder Bretterwände als Windschutz errichtet.

Feiertage

Die folgenden Feiertage sind die in ganz Spanien geltenden gesetzlichen Feiertage. An diesen Tagen sind alle öffentlichen Einrichtungen und Banken sowie die meisten Geschäfte geschlossen.

1. Jan.	Año Nuevo (Neujahrstag)
6. Jan.	Reyes Magos (Hl. Drei Könige)
19. März	San José (Hl. Joseph)
März/Apr.	Viernes Santo (Karfreitag)
1. Mai	Dia del Trabajo (Tag der Arbeit)
30. Mai	Dia de Canarias
Juni	Corpus Christi (Fronleichnam)
24. Juni	San Juan (Hl. Johannes; Namenstag des Königs)
15. Aug.	Asunción (Maria Himmelfahrt)
12. Okt.	Dia de la Hispanidad (Kolumbus entdeckt Amerika)
1. Nov.	Todos los Santos (Alllerheiligen)
6. Dez.	Dia de la constitución (Verfassungstag)
8. Dez.	Immaculada Conceücion (Maria Empfängnis)
25./26. Dez.	Navidad (Weihnachten)

FUERTEVENTURA VON A BIS Z

Fernsehen

Auf Fuerteventura können fünf spanische TV-Programme empfangen werden; außerdem die folgenden Satelliten-Sender: Super Channel, Skysports, TV 5, SAT 1. Alle Zimmer in den größeren Hotels haben TV.

FKK

Das Nacktbaden ist auf Fuerteventura offiziell verboten. Das hat weniger mit Prüderie zu tun als mit der Tatsache, daß die Insulaner solch eine »Bloßstellung« schlichtweg lächerlich finden. An der weiten **Playa de Sotavento** wird FKK jedoch toleriert.

Fotografie

Handelsübliche Filme sind zwar erhältlich, jedoch zu überhöhten Preisen, weshalb Sie Ihren Vorrat möglichst von zu Hause mitbringen sollten. Schwarzweißmaterial gibt es so gut wie überhaupt nicht zu kaufen.

Labors zum Entwickeln von Filmen findet man in Morro Jable, Corralejo und Puerto del Rosario. Wer Einheimische ablichten will, sollte vorher um Erlaubnis fragen.

Geld

Peseta (Ptas) ist die spanische Währungseinheit. Im Umlauf sind Münzen zu 1, 2, 5, 25 und 100 Ptas sowie Banknoten zu 100, 200, 500, 1 000, 2 000 und 5 000 Ptas. Die Münzen zu 5 Ptas werden auch »duros« genannt, die zu 25 Ptas »cinco duros«. Zum Telefonieren benötigen Sie 5, 25, 50 und 100 Ptas; für Ferngespräche sollten Sie die größeren Münzen sammeln. Der **Wechselkurs** unterliegt Schwankungen; im Mai 1993 lag er bei 1,38 DM für 100 Ptas. In Hotels ist der Umtausch meist ungünstiger als bei Banken.

Kreditkarten werden in Touristenzentren von größeren Hotels, Restaurants und Geschäften akzeptiert. Für Eurocheques beträgt die

Die wichtigsten spanischen Scheine und Münzen

FUERTEVENTURA VON A BIS Z

WICHTIGE INFORMATIONEN

Höchstgrenze 25 000 Ptas.

Devisen dürfen in beliebiger Höhe eingeführt werden. Die Ausfuhr spanischer Währung ist jedoch auf 100 000 Ptas pro Person begrenzt.

Fremdwährung und **Schecks** werden von fast allen Banken zu den regulären Schalterstunden (9–14 Uhr, Sa nur bis 13 Uhr) eingetauscht. In kleineren Orten kann das allerdings eine sehr umständliche Prozedur sein. Hier sollte man vor 12 Uhr wechseln gehen, da der Kurs teilweise direkt ab Madrid erfragt wird – und dort ist schon eine Stunde eher Siesta. Außerhalb der regulären Zeiten wird in Wechselstuben, Reisebüros und Hotels getauscht. Die jeweiligen Kommissionen unterscheiden sich oft erheblich.

Euroschecks können bis zur Höhe von 25 000 Ptas ausgestellt werden. Bei Verlust der Karte sollte man sich unbedingt sofort an den Annahmedienst für Verlustmeldungen von Euroscheck-Karten wenden (Tel. 07/49/69 74 77 00).

Inhaber von **Postsparbüchern** können auf allen Postämtern Beträge bis zu 2 000 DM monatlich von ihrem Postsparbuch abheben. Der Ausweis muß dazu vorgelegt werden.

Kleidung

Leichte Baumwollkleidung, Turnschuhe und ein Pullover gehören immer ins Gepäck. Für Ausflüge und für den Abend im Hotel oder an der Bar empfiehlt es sich, gegebenenfalls Kleider bzw. lange Hosen einzupacken. Außer bei festlichen Veranstaltungen kann auf Krawatte und Jackett aber verzichtet werden. Beachten sollte man, daß allzu freizügige oder gar Badekleidung bei Inseltouren gänzlich unangebracht ist.

Kriminalität

Mit Diebstahl muß leider auch auf Fuerteventura gerechnet werden. In den Leihwagen kleben Schildchen, keine Wertgegenstände im Auto liegenzulassen; im Hotel wird empfohlen, einen Safe anzumieten (rund 1500 Ptas pro Woche). Auch wenn die Chance gering ist, gestohlene Gegenstände wiederzubekommen, sollte man doch bei der **Guardia Civil** eine Anzeige erstatten.

Medizinische Versorgung

Die Versorgung im Krankheitsfall auf der Insel ist gut. Jeder Ort hat seinen Arzt und eine Apotheke. In den Urlaubszentren haben sich Ärzte und Krankenhäuser sogar auf die Versorgung von Touristen spezialisiert. Der internationale Krankenschein E 111 wird nicht von allen Kliniken akzeptiert. Die meisten Ärzte in den Urbanisationen bestehen auf Barzahlung. Es empfiehlt sich daher, eine zusätzliche private Reiseversicherung abzuschließen. Zahnärzte rechnen ohnehin generell privat ab. Vergessen Sie nicht, sich eine detaillierte Rechnung geben zu lassen, die Sie dann der heimischen Krankenkasse zur Erstattung vorlegen.

Notruf

Guardia Civil
Tel. 0 91

Krankenhaus
Puerto del Rosario
Tel. 53 17 99

Rotes Kreuz (Krankenwagen)
Tel. 85 13 76

Polizei
Tel. 85 05 03

Öffnungszeiten

Banken
Mo–Sa 9–13 Uhr,
in Puerto del Carmen/Lanzarote
zusätzlich 17–19 Uhr

Post
Mo–Sa 9–13 Uhr

Parranda

Parranda nennen sich folkloristische Musikgruppen. Die bekanntesten dieser Gruppen haben sich vor allem auf das Vortragen von folkloristischen Seemannsliedern spezialisiert, etwas, das mit der Emigration der Insulaner in vergangener Zeit zu tun gehabt hat. Neben der **timple** werden **bandurrias**, Gitarren und Mandolinen gezupft.

Daneben gibt es noch die **rondayas**, folkloristische Sing- und Tanzgruppen, die häufig aus Kindern und Jugendlichen unter 20 Jahren bestehen. Diese Gruppen treten in erster Linie bei folkloristischen Darbietungen in Hotels und Fiestas auf. Die Folklore hat durch den Tourismus wieder an Bedeutung gewonnen, so gibt es in jedem Dorf Folkloregruppen, es werden Kurse und Vorträge in Tanz und Gesang gegeben. Vor allem das Spiel auf dem Zupfinstrument timple, die erstmals 1604 erwähnt wurde, ist gefragt. Diese Minigitarre unterscheidet sich von einer Gitarre durch ihren langgezogenen hellen Klang. Die **timple** und die **folias** sind sehr typisch für die Insel und charakterisieren einige ihrer Wesenszüge: Schwermut und Poesie, Leidenschaft und Freude, vor allem aber ein Drang zum Leben. Zur folia gibt es auf dem spanischen Festland keine Parallele.

Politik

Noch heute halten viele Kanarier die Inseln für die »letzte Kolonie« des Mutterlandes. Lange waren sie vernachlässigt, Abschiebungsort für unerwünschte politische Dissidenten. Nach dem Tod Francos erstarkte

Trotz des Tourismus leben noch viele Familien von der Landwirtschaft

eine Unabhängigkeitsbewegung. Mit der Gewährung der Autonomie für die beiden Provinzen (Provinz Las Palmas mit Gran Canaria, Fuerteventura und Lanzarote; Provinz Santa Cruz de Tenerife mit Teneriffa, La Palma, Gomera und Hierro) nahm ihre Bedeutung jedoch ab – man ist von Spanien wirtschaftlich abhängig. Trotzdem haben Parteien, die die Autonomie in ihrem Programm stehen haben, einen wichtigen Platz im Inselparlament.

Die Parteien auf den Kanaren lassen im allgemeinen wenig klares politisches Profil erkennen. Politiker wechseln nicht selten die Partei, Koalitionen sind oftmals recht wacklig.

Stärkste Partei bei den spanischen Regionalwahlen im Mai 1991 waren die spanischen Sozialisten (Partida Socialista Obrero España, PSOE). Die Partei errang 23 von 60 Sitzen im autonomen Parlament der Kanaren. Don Jeronimo Saavedra Acevedo, der Chef der kanarischen Sozialisten, wurde damit zum zweiten Mal nach 1983 Premierminister der autonomen Regierung der Kanaren. Sein Koalitionspartner ist die AIC (Agrupación Independientes de Canarias), ein Bündnis von Mitte-Rechts-Insularisten. Zusammen mit einem Abgeordneten der Insel Hierro hat die Koalition eine Mehrheit von 40 Stimmen.

Großer Verlierer der Wahl war die Zentrumspartei CDS (Centro Democratico y Social) des ehemaligen spanischen Ministerpräsidenten Adolfo Suárez. Auf den Kanaren rutschte die Partei, die mit Lorenzo Olarte Cullen den vorherigen – dritten – Premier gestellt hatte, von 13 auf 7 Sitze ab. Auch die konservative Partido Popular (PP, vorher AP, Alianza Popular), geführt vom ehemaligen CDS-Ministerpräsidenten Fernando Fernández Martin, brachte es auf nicht mehr als sechs Stimmen.

Als Bündnis von Insulanern und linken Gruppen trat die ICAN (Iniciativa Canaria) an und errang sieben Sitze. Von ihnen spalteten sich die zwei Abgeordneten der linken Insularisten Fuerteventuras (Asamblea Majorera, AM) jedoch wieder ab.

Post

Das **Porto** für Postkarten und Briefe innerhalb der EG beläuft sich zur Zeit auf 45 Ptas. Die Laufzeit beträgt etwa 3–6 Tage; die Post wird als Luftpost transportiert. Briefmarken erhält man auch an der Hotelrezeption. Postämter (correos) sind auch für **Telegramme** zuständig, Telefongespräche werden nicht vermittelt (→ Telefon).

Postämter
Puerto del Rosario
Calle Primero de Mayo, 44–58
Morro del Jable
Calle Nuestra Senora del Carmen
Gran Tarajal
Plaza Candelaña

Öffnungszeiten
Mo–Sa 9–13 Uhr

Reisedokumente

Deutsche Staatsbürger benötigen lediglich einen über die geplante Aufenthaltsdauer hinaus gültigen **Personalausweis**. Wer zusätzlich seinen Reisepaß mitnimmt und diesen bei der Hotelrezeption hinterlegt, braucht sich im Verlustfall nicht um die Ausstellung von Ersatzpapieren zu kümmern. Für Kinder unter 16 Jahren genügt ein Kinderausweis oder der Eintrag im Paß der Eltern. Bei einem geplanten Aufenthalt von mehr als drei Monaten Dauer wenden Sie sich bitte an das zuständige deutsche Konsulat.

FUERTEVENTURA VON A BIS Z

Reisewetter

Zwei **Hauptreisezeiten** kennt Fuerteventura: Dezember bis Ostern und Juli bis September. Dabei sind vor allem der September und der Oktober herrliche Reisemonate! Wenn Sie es einrichten können, meiden Sie den allzu heißen August; im Januar dagegen kann es manchem zu kühl sein. Das Wetter im allgemeinen ist aber ausgeglichen, da Luft- und Wassertemperaturen im Vergleich zu mitteleuropäischen Verhältnissen das ganze Jahr über angenehm sind. So bewegen sich die **Durchschnittstemperaturen** von Dezember bis April um 20 Grad; August und September sind die wärmsten Monate, die Wassertemperatur liegt dann bei 23 Grad, und der Nordostpassat sorgt zum Teil für einen kräftigen Wind. Im Oktober ist die Luft am klarsten, und man kann am weitesten sehen. Gefürchtet ist der **kanarische Wind**, der vor allem zwischen Juli und September recht unangenehm werden kann und zum Teil hohe Geschwindigkeiten erreicht. Ein Strandaufenthalt ist dann wegen des herumwirbelnden Sandes nicht gerade ein angenehmes Erlebnis. Wenn einmal Regen fällt, dann nur kurz – aber kräftig.

Rundfunk

Radio Cadena Espanola Las Palmas sendet von Montag bis Samstag zwischen 8.05 und 8.30 Uhr Nachrichten und aktuelle Informationen in deutscher Sprache (Mittelwelle 747 kHz). Die **Deutsche Welle** ist auf der Frequenz 9 735 (31 m) und 21 500 (13 m) zu empfangen. Der Kölner Auslandssender **Europa 1** strahlt auf UKW 103,0 MHz das deutsche Programm der Deutschen Welle (DW) aus: täglich zwischen Mitternacht und 9 Uhr sowie von 12 bis 13 Uhr Weltzeit (entspricht MEZ minus einer Stunde). Zusätzlich werden täglich um 16, 17, 18, 21, 22 und 23 Uhr Nachrichten gesendet. **Radio Lanzarote** hört man auf UKW 90,7 täglich von 9.30–10.30 und

Die genauen Klimadaten am Beispiel **Puerto del Rosario**:

	Durchschnittliche Temperaturen in °C		Sonnenstunden pro Tag	Regentage	Wassertemperatur in °C
	Tag	Nacht			
Januar	18,6	12,4	6,4	3	18
Februar	19,4	12,4	7,2	2	18
März	20,3	12,9	7,7	1	17
April	20,8	13,2	8,1	1	17
Mai	22,7	14,9	8,7	1	18
Juni	23,9	15,9	9,0	0	20
Juli	26,6	18,2	9,5	0	20
August	27,2	18,6	9,6	0	21
September	25,9	18,1	7,6	0	22
Oktober	24,1	17,1	7,0	1	22
November	21,4	14,8	6,1	3	20
Dezember	19,0	13,2	6,1	3	19

Quelle: Deutscher Wetterdienst, Offenbach

18.05–19.35 Uhr. **Radio Volcan** (auf FM 89,7) sendet von 18–18.30 Uhr in englischer Sprache; **Radio Europa**, FM 103, ebenfalls in Englisch.

Sprache

In den Touristenzentren kommt man ohne spanische Sprachkenntnisse zurecht. Nützlich ist ein wenig Spanisch jedoch, wenn man z.B. im Restaurant bestellen will – oder wenn man sich ins Landesinnere begibt.

Strandburgen

Kein Verständnis bringen die Einheimischen – zu Recht – für die weitverbreitete Unsitte der »Strandburgen« auf: Um sich vor dem Wind an den langen Sandstränden zu schützen, bauen manche Urlauber aus Holz und Steinen eine Art Schutzwall – und hängen auch noch ein Schild davor: »Reserviert bis…« Die Strände sind jedoch für jeden zugänglich – und niemandem ist es gestattet, sich dort für die Zeit seines Urlaubs »einzumieten«!

Stromspannung

In allen touristischen Unterkünften beträgt die Stromspannung **220 Volt**. Probleme können die unterschiedlichen Steckdosen bereiten. Ein **Multistecker,** von zu Hause mitgebracht, ist da die einzige Lösung.

Tankstellen

Die Tankstellen haben bis etwa 21 Uhr geöffnet. An Sonn- und Feiertagen sind sie geschlossen.

Taxis

Taxis sind an der kleinen **SP-Plakette** erkennbar. In der Regel haben sie keinen Taxameter, die Fahrpreise sind aber auf einer Tabelle einsehbar. Den Fahrpreis vor Beginn aushandeln oder erfragen!
Taxi-Ruf
Puerto del Rosario
Tel. 85 02 16
Gran Tarajal
Tel. 87 00 59
Antigua
Tel. 87 80 11
Betancuria
Tel. 87 80 94
Pájara
Tel. 54 70 32
La Oliva
Tel. 86 80 73
Morro del Jable
Tel. 87 60 06, 16 14 77
Corralejo
Tel. 86 60 37

Telefon

Internationale Gespräche können von allen Telefonzellen aus geführt werden (Mindesteinwurf 200 Ptas). In den Urbanisationen stehen außerdem offizielle »Telefónica«-Kabinen, von denen man ungestört und ohne Münzprobleme anrufen kann.

Ein Drei-Minuten-Gespräch kostet etwa 1 000 Ptas (tgl. 9–13 und 17–21 Uhr). Bei den privaten Vermittlern kosten drei Minuten rund 1 200 Ptas; vom Hotel aus zu telefonieren ist noch teurer. Die Münzfernsprecher werden mit 25-, 50- und 100-Peseten-Stücken gefüttert. Für ein **Auslandsgespräch** wählt man zuerst die 07, nach einem Pfeifton dann die 49 für Deutschland, anschließend die Vorwahlnummer des Ortsnetzes (ohne Null) und die Rufnummer des Teilnehmers.
Länderkennziffern
Bundesrepublik Deutschland: 49
Österreich: 43
Schweiz: 41
Vorwahl von Europa nach Fuerteventura: 00 34-28

Tiere

Ihren Hund oder die Katze sollten Sie lieber daheim in Pflege geben. Wenn das nicht geht: Haustiere müssen vor der Einreise gegen Tollwut geimpft werden! Impfung und Herkunft des Tieres müssen ferner durch ein **amtstierärztliches Attest** in deutscher und spanischer Sprache bestätigt werden. Tierliebe, wie man sie in Nordeuropa kennt, ist auf den Kanaren unbekannt. Das Füttern von herumstreunenden Hunden und Katzen wird nicht gerne gesehen.

Trinkgeld

Kellner und Portiers, Taxifahrer und Zimmermädchen – sie alle erwarten ein Trinkgeld. Zwar sind in den Lokalrechnungen 15% Bedienung enthalten, als Anerkennung für besonders freundlichen Service wird aber doch noch eine Abrundung nach oben erhofft. Ein Taxifahrer erwartet 10% des Fahrpreises als Trinkgeld, Zimmermädchen etwa 500 bis 1000 Ptas pro Woche.

Trinkwasser

Wasser war und ist selten und daher kostbar. Auf der wüstenhaften Insel, die über keine Quellen verfügt, auf der es keine Bäche gibt, geschweige denn einen Fluß (die Brücken täuschen darüber hinweg, da sie allein für die stürmischen Regentage konstruiert worden sind), lebten die Menschen vom Regen. Trockneten die Brunnen aus, weil es lange, ja jahrelang nicht geregnet hatte, mußte man verdursten oder auswandern. Kein Wunder, daß die Einwohner immer neue Konstruktionen erfanden, um den kostbaren Regen aufzufangen.

Jedes Gebäude hat sein eigenes Wasser-Auffang-System. Jene »aljibe« sammelten das Regenwasser und leiteten es in die Zisternen. Heute kommt das gesamte Wasser, das im Bad oder Küche verbraucht wird, aus den **Meerwasserentsal-**

Spielende Kinder in Corralejo

zungsanlagen. Kamen die Einheimischen vor Beginn des Touristenbooms noch mit einem Eimer Wasser täglich aus, werden ihnen heute 100 Liter pro Tag zugestanden, den Touristen hingegen fast die dreifache Menge.

Und obwohl in den Urbanisationen mehr für das hoch subventionierte Wasser bezahlt werden muß als von den Einheimischen, müssen in Zeiten von Wassermangel die Bewohner bei der Wasserversorgung zurückstehen. Für ein Einfamilienhaus rechnet man pro Monat mit 210 Mark Wassergeld.

Zum Waschen und auch zum Zähneputzen können Sie das Wasser aus den Entsalzungsanlagen unbedenklich benutzen. Zum Kochen, Trinkwasser und zur Tee- oder Kaffeezubereitung verwendet man aber besser Quellwasser aus Plastikflaschen. Da die Meerentsalzungsanlagen teuer sind, sollte man mit dem Leitungswasser sparsam umgehen.

Verkehrsregeln

In den letzten Jahren hat die Insel ein dichtes Verkehrsnetz bekommen, das sich aus rund 450 km Asphalt- und rund 650 km Pistenstraßen zusammensetzt. Mit – laut Statistik – 2,2 Pkw pro Einwohner ist die Autodichte besonders hoch. Auf Fuerteventura wird schnell und rasant gefahren.

Eine landestypische Verkehrsregel wird von Ausländern immer wieder übertreten – und das führt dann oft zu Unfällen: Beim **Linksabbiegen** muß man erst nach rechts in die Straße einbiegen, um sich dann in einer Art »Mini-Kreisverkehr« links einzuordnen. Anschließend fädelt man sich in die gewünschte Richtung ein.

In Ortschaften darf man nicht schneller als 40 km/h, auf der Landstraße nicht mehr als 90 km/h fahren. Anschnallpflicht besteht für Fahrer und Mitfahrer.

Privates Abschleppen von Fahrzeugen ist verboten. Bei einem **Unfall**, gleichgültig ob man ihn verschuldet hat oder nicht, sind Ausländer meist im Nachteil. In strittigen Fällen wird eine Kaution verlangt. 1992 wurden jedoch allein 60 Polizisten angestellt, die nur für die Überwachung des Straßenverkehrs zuständig sind.

Bußgelder
Parken im Parkverbot kostet 5 000 Ptas, das Überschreiten der Geschwindigkeit 2 000 Ptas pro km/h, das Überfahren einer durchgezogenen weißen Linie kostet 8 000 Ptas.

Wirtschaft

Am 28. November 1989 wurde der millionste Urlauber auf Fuerteventura begrüßt – für das Jahr 2005 erhofft sich die Insel vier Millionen Touristen jährlich.

Doch der Tourismus ist bereits heute der wichtigste Wirtschaftszweig. 70% aller Arbeitsplätze sind direkt vom Tourismus abhängig; mehr als jeder zweite Arbeitnehmer kommt inzwischen vom spanischen Festland. Damit ist innerhalb von weniger als einem halben Jahrhundert die wirtschaftliche Grundlage Fuerteventuras völlig umgekrempelt worden. Noch 1950 arbeiteten knapp 70% in der Landwirtschaft. Heute sind es ein Zehntel davon. 95% aller Lebensmittel werden importiert, fast das gesamte Trinkwasser aus dem Meer gewonnen.

Ehrgeizige Stausee-Projekte in den 40er Jahren, die der Diktator Franco selbst initiierte, erwiesen sich als Flop. Die Seen verlandeten oder wurden von salzhaltigem Wasser für die Bewässerung unbrauchbar gemacht. Um wenigstens einen

Teil der Landwirtschaft auf Fuerteventura zu erhalten, wird der Tomatenanbau ebenso subventioniert wie die Herstellung des Ziegenkäses – auf Kosten des EG-Steuerzahlers. Zu kurz kommen nach wie vor die dringend notwendigen Maßnahmen zur Wiederaufforstung der Insel. Je mehr der ungeschützte Boden der Erosion ausgesetzt ist, umso geringer sind die Chancen auf einen Anstieg der landwirtschaftlichen Produktion. Ohne größere Investitionen zum Schutz der natürlichen Ressourcen der Insel wird die krisenanfällige Abhängigkeit vom Festland auch in Zukunft kaum verbessert werden.

Zeit

Kanarische Uhren gehen eine Stunde nach. Gültig ist die Westeuropäische Zeit (WEZ). Auch auf den Kanaren ist die Sommerzeit eingeführt worden. Deshalb muß man bei der Ankunft ganzjährig seine Uhr um eine Stunde zurückstellen.

Durch die Nähe zum Äquator ist es im Winter länger hell als bei uns. Im Sommer sind die Tage vergleichsweise kürzer.

Zeitungen

Überregionale deutschsprachige Zeitungen sind zwei Tage nach Erscheinen an den Verkaufsständen der Insel. Außerdem erhält man natürlich auch die gängigen Illustrierten-Titel.

Zoll

Am 1. Januar 1993 sind die Zollkontrollen an den Binnengrenzen der Europäischen Gemeinschaft entfallen (nicht jedoch etwaige Sicherheitskontrollen). Mengenmäßige Ein- und Ausfuhrbeschränkungen für Tabak, Alkohol etc. gibt es somit innerhalb der EG nicht mehr (mit einer Ausnahme, denn für Dänemark gilt eine Übergangsregelung).

Es muß allerdings erkennbar sein, daß die Waren, die Sie mitführen, ausschließlich für den Privatgebrauch bestimmt sind.

Sollten die Grenzbehörden den Verdacht haben, daß Sie mit den Waren handeln, werden Sie zur Versteuerung herangezogen. Die Einfuhr von Elfenbein, Krokodilleder und von Pelzen vieler Tierarten ist verboten und wird streng bestraft.

Für Österreicher und Schweizer sowie für den Duty-free-Einkauf gelten folgende Mengenbeschränkungen: 200 Zigaretten oder 100 Zigarillos oder 50 Zigarren oder 250 Gramm Tabak, 1 Liter Spiritosen oder 2 Liter Likör und 2 Liter Wein, 50 Gramm Parfüm oder 0,25 Liter Eau de Toilette.

GESCHICHTE AUF EINEN BLICK

Um 850 v. Chr.
Der griechische Dichter Homer beschreibt im vierten Gesang seiner 27 800 Verse umfassenden Odyssee die Kanarischen Inseln als »Die Inseln der Glückseligen«.

Um 1200 v. Chr.
Phönizische Seefahrer besuchen die Insel.

Um 200 n. Chr.
Erste Besiedelung durch Berberstämme wird nachgewiesen.

1312
Lancelot Maloisel, ein Seefahrer aus Genua, landet auf Lanzarote. Seine phantasievollen Berichte über die fruchtbare Insel wecken das Interesse der Könige von Kastilien und Portugal an den Kanaren.

1340
Spanier und Portugiesen schicken Expeditionskorps zur Erkundung.

1403/04
Der Normanne Jean de Béthencourt besiegt die beiden Könige von Fuerteventura, Ajose und Guise. Sie hatten über ein Nord- und ein Südreich geherrscht, die durch eine Steinmauer bei Matas Blancas voneinander getrennt waren. 1412 legt Béthencourt den Lehnseid vor dem spanischen König ab.

1417
Der Papst verbietet den Sklavenhandel.

1424
Fuerteventura wird Bistum, aber sechs Jahre später wird die Ernennung für nichtig erklärt.

1445
Der Herrera-Clan verleiht der Insel den sogenannten Senorio-Status. Dank dieses Lehnrechts kann die Familie eine Feudalherrschaft ausüben. Wichtigste Einnahmequelle ist angeblich der Sklavenhandel in Afrika.

1467
Diego Garcia de Herrera nutzt Fuerteventura als Basis für den lukrativen Sklavenhandel auf dem afrikanischen Festland. Rund 46 Expeditionen sind bekannt, bei denen mehr als 1 000 Sklaven gefangen wurden. Die Menschen wurden auf den Sklavenmärkten von Las Palmas und Teneriffa verkauft.

1537
Der Papst erläßt eine neue Bulle, mit der er den Sklavenhandel endgültig unter Strafe stellt.

1708
Militärherrschaft auf Fuerteventura, mit Sitz in La Oliva.

1740
Engländer landen in Gran Tarajal, wollen die Insel unterwerfen und werden bei Tuinejes besiegt.

ab 1769
Dürrezeit beginnt; zahlreiche Mißernten und Hungersnöte. 1772 leben noch knapp 4 000 Menschen auf Fuerteventura.

1852
Die Kanarischen Inseln werden Freihandelszone.

1860
Rosario wird Inselhauptstadt.

Geschichte auf einen Blick

Um 1880
Die Insel wird von Trockenheit und Hunger heimgesucht. Zahlreiche Bewohner emigrieren nach Südamerika.

1912
Politische Selbstverwaltung, die »cabildo insulares«, werden gegründet.

1924
Der Rektor der Universität Salamanca, Miguel de Unamuno, wird wegen seiner Kritik an der Regierung Primo de Riveras nach Fuerteventura verbannt.

1927
Fuerteventura bildet mit Lanzarote die neue Provinz Gran Canaria.

1936
Beginn des spanischen Bürgerkrieges. Das Regime drückt seinen Stempel nachdrücklich auf Fuerteventura.

1940
Generalissimo Franco stellt die Insel, die nie gegen ihn protestiert hat, unter seinen Schutz. Erste Talsperren werden angelegt, der Enarenado-Anbau, die Trockenbaukultur, wird gefördert.

1967
Die ersten 1 100 Touristen besuchen die Insel.

1975
Etwa 4 500 Angehörige der spanischen Fremdenlegion werden – nachdem »Spanisch Sahara« unabhängig wurde – in Rosario einquartiert und entwickeln sich zum Schrecken der Einheimischen.

1977
Legionäre führen ein Schreckensregime, ein Bürgermeister wird erschossen, der Inselpräsident ermordet.

1982
Die Kanarischen Inseln erhalten ein eigenes Autonomiestatut.

1985
Die Kanarische Volksvertretung lehnt die EG-Beitrittsverträge ab. 250 000 Touristen besuchen die Insel, es gibt nun 11 000 Hotelbetten.

1990
Der Tourismus wird zum wichtigsten Wirtschaftszweig. Die Bautätigkeit erreicht ihren Höhepunkt. Ausbau von Umgehungs- und Schnellstraßen.

1991
Die Inselregierung verspricht die Bettenzahl bis zum Jahr 2 000 auf 65 000 zu beschränken. Ehrgeiziges Straßenbauprojekt. Mit dem Teilabzug der Söldner wird begonnen. Fuerteventura wird von 536 573 Touristen besucht, der Großteil kommt aus der Bundesrepublik Deutschland.

1992
Fuerteventura verfügt über das beste Straßennetz aller Kanarischen Inseln.

1993
Mit finanzieller Unterstützung der EG wird in Tefir mit dem Bau eines Museumsdorfes begonnen.

ORTS- UND SACHREGISTER

WICHTIGE INFORMATIONEN

Hier finden Sie die in diesem Band beschriebenen Orte und Ausflugsziele. Außerdem enthält das Register wichtige Stichworte, landessprachliche Bezeichnungen sowie alle Tips dieses Reiseführers. Wird ein Begriff mehrfach aufgeführt, verweist die **fett** gedruckte Zahl auf die Hauptnennung.

A

Abendessen 21
Abenteuer-Ausflüge (Tip) 35
Agua de Bueyes 90
Ajuy **87**, 98
Aleganza (Graciosa) 108
Alkoholika 31
Almuerza (Mittagessen) 21
Angeln 37
Ankunft 11
Anreise 11
Antigua 58, **59**
Apartments 17
Apotheken 110
Appetithappen 23
Artesania (Kunst- und Handwerksmarkt, Tip) 42
Artesania Canaria (Lajares, Tip) 52
Artesanos (Kunsthandwerker) 30
Atalaya-Bergmassiv (Lanzarote) 99
Ausflugstouren 14
Auskunft 110
Autofahren 13
Autofähren 12
Autovermietung 110
Avenida 1° de Mayo (Puerto del Rosario) 56
Avenida de los Reyes de España (Puerto del Rosario) 56
Avenida Manuel Vazquez Cabrerra (Puerto del Rosaria) 56

B

Banken 114
Barranco de la Madre del Agua 87
Barranco de Pecenescal **79**, 100

Barranco de Vinamar 101
Bergdörfer (Tip) 80
Beschwerdebuch 110
Betancuria 5, **62**, 92, 97
Bevölkerung 110
Bier 23
Bootstouren 92
Busse 13, **15**
Bußgelder 120
Busverkehr 111

C

Cádiz 12
Café con leche (Milchkaffee) **21**, 23
Café cortado (Kaffee mit wenig Milch) 23
Café solo (schwarzer Kaffee) 23
Caleta de Fustes 16, 35, 37, **66**
Caleta del Cotillo 49
Caleta del Sebo (Graciosa) 108
Caleta Negra (Tip) 35, **88**
Calle Guise (Pajara) 85
Camping 18, **111**
Cardón 98
Casa Cultura (Puerto del Rosario) 55
Casa de Caplan (La Oliva) 50
Casa de los Coroneles (La Oliva) 50
Casa de Pecenescal 100
Casa Jóros 37
Casa Museo de Betancuria 65
Casas de los Canarios de Amba 109
Casas El Puertito (Lobos) 105
Casillas del Angel 66
Castillo de Fustes 66
Castillo de Rico Roque (Caleta) 49
Cena (Abendessen) 21
Centro de Arte Canario (La Oliva) 52
Cerveza (Bier) 23
Charterflüge 11
Cofete (Wanderung, Tip) 76, **77**, 92, 93, 94
Colonia García Escamez 53
Convento de San Buenaventura (Betancuria) 64

Corralejo 4, 16, 17, 34, 37, **44**, 99, 104, 106
Cortijo de Chilegua 98
Costa Calma 16, 35, **78**
Cotillo 16
Cuchillos 53
Cuesta de la Pared 80

D

Desayuno (Frühstück) 21
Devisen 113
Diplomatische Vertretungen 111

E

Ebenholz 31
Einkaufen 30
El Cardón 80
El Castillo (Caleta de Fustes) 66
El Cotillo 37
El Golfo (Lanzarote) 99
El Islote 94, **96**
El Jable (Corralejo) 44
El Jable (Wüste) 7, **79**, 100
El Rio 105, 108
Elfenbeinschmuck 31
Embalse de Los Molinos 53
Emigration 112
Enarenado (Trockenfeldanbau) 112
Eßdolmetscher 25
Essen und Trinken 20
Euroschecks 113

F

Fähren 12
Fahrräder 13, **14**, 92
Fährverbindungen 14
Faro de Jandía 80
Faro de Martino (Lobos) 105
Feiertage 112
Femés (Lanzarote) 99
Fenduca 98
Feriendörfer 16
Fernsehen 113
Feste 40
Festspiele 40
Feuerberge (Lanzarote) 106
Fiestas 40
FKK 113
Flieg & spar-Tarife 11
Flughafen Matorral 11

ORTS- UND SACHREGISTER

Flugverbindungen 11
Folklore 114
Fotografie 113
Franziskaner-Kloster
(Betancuria) 62
Fremdenlegion 56
Fremdenverkehrsamt 110
Fremdwährung 113
Frühstück 21

G
Geländefahrzeuge 14
Geld 113
Geschichte 122
Getränke 20, **23**
Gomera 14
Graciosa 108
Gran Canaria 8, 11, **14**, 71
Gran Tarajal 88
Guanchenzeichnungen 102

H
Hafenpromenade
(Puerto del Rosario) 55
Hauptreisezeiten 117
Hauptstadt 55
Heimatmuseum
(Betancuria) 62
Hierro 14
Höhlenspaziergang (Tip) 88
Hotels und andere
Unterkünfte 16

I
Iglesia de Santa Maria
(Betancuria) 62, **64**
Iglesia de Virgen de la
Regla (Pajara) 85, **86**
Informationen 110
Internationale Küche 21
Isla de Lobos 37
Istmo de la Pared 98

J
Jandía 4, 16, 35, 37, **72**
Jeep-Safari 14
Jugendherbergen 18

K
Kaffee 21, **23**
Karneval 40, **41**
Kategorien (Hotels) 17
Keramik 30
Kinder 34
Kleidung 114

Klima 4, 10, **116**
Konsulat 111
Kramer 32
Kreditkarten 113
Kriminalität 114
Kunsthandwerker 30

L
La Florida 98
La Geria (Lanzarote) 99, 106, **107**
La Lajita **80**, 98
La Oliva **50**, 102
La Palma 14
La Pared 35, **80**, 82, 92, 97, 98, 101
La Tablada 98
Ladenöffnungszeiten 32
Lagunensee El Golfo
(Lanzarote) 99
Lajares 52
Lanzarote 6, 12, 23, 44, 54, 92, 99, **106**
Las Palmas 12
Las Paracelas 53
Las Playas 90
Las Playitas 90
Las Talahijas 96
Last minute Flüge 11
Leihwagen 12
Lesetip 10
Leuchtturm (Lobos) 105
Liria 90
Lobos 37, 44, 92, **104**
Los Arrables 90
Los Hervideros
(Lanzarote) 99

M
Majoreros 6, 8, **110**
Mallorca 71
Malpais Grande 7, **90**
Malvasia 32
Märkte 31
Markthalle 32
Masdache (Lanzarote) 99, **107**
Matorral (Flughafen) 11
Medizinische Versorgung 114
Mercado Municipal
(Markthalle) 32
Merian-Heft (Lesetip) 10
Mietwagen 13
Milchkaffee **21**, 23
Mitbringsel 30
Mittagessen 21

Montaña Agudo **77**, 93
Montaña Arena 50
Montaña Cardónes **80**, 98
Montaña Clara (Graciosa) 108
Montaña del Fuego
(Lanzarote) 106
Montaña Lobos 104, **105**
Montaña Prieta 7
Montaña Quemada 52
Montaña Roja 44
Montaña Tindaya **54**, 102
Monumento el Campesino
(Lanzarote) 107
Monumento Unamuno 52
Morrete de Marcos
Sanchez 98
Morro del Jable 16, 35, 37, **70**, 93, 101
Mountainbikes 13, **14**
Mozaga (Lanzarote) 107
Museo de Arte Sacro
(Betancuria) 65
Musikgruppen 114

N
Nationalpark Timanfaya 99, 106
Nordtour 92
Notruf 114
Nuestra Senora de Candelaria (La Oliva) 50, 52

O
Öffnungszeiten
(Restaurants) 22
Öffnungszeiten
(Banken, Post) 115
Öffnungzeiten
(Geschäfte) 32
Olivinsteine 31
Orzola 108

P
Pajara **84**, 94, 98
Papagayo-Strände
(Lanzarote) 99
Parque Hollandes 52
Parque Nacional
de Timanfaya 99, 106
Parranda (Folkloregruppen) 115
Pedro Barba (Graciosa) 108
Personalausweis 116
Pico de la Zarza 101
Pilgerfahrten 40

ORTS- UND SACHREGISTER

WICHTIGE INFORMATIONEN

Playa Blanca (Lanzarote) 99, **106**
Playa de Barlovento 93, **96**
Playa de Cofete 10, 93, **94**
Playa de Corralejo 10
Playa de Juan Gomez 37
Playa de la Madera (Lobos) 105
Playa de las Conchas (Graciosa) 108
Playa de Ojos 96
Playa de Sotavento 10, 37, **78**, 113
Playa Esquinozo 37
Playa Francesa (Graciosa) 108
Playa Matorral **37**, 72, 101
Playa Médano 37
Playas y Dunas de Corralejo 37
Politik 115
Porto 116
Post 116
Pozo Negro 66
Preisklassen (Hotels) 18
Preisklassen (Restaurants) 23
Puertito de Los Molinos 53
Puerto de Cabras 55
Puerto de la Cruz **80**, 96
Puerto de la Peña 87
Puerto del Rosario 8, **55**
Puerto Ventura 53
Punta de Barlovento 70
Punta de Jandía 96
Punta de la Entallada 90
Punta de los Caletones 69
Punta de los Molinillos 37
Punta Gorda (Graciosa) 108
Punta Pesebre 96

R
Reisedokumente 116
Reisepaß 116
Reisewetter 117
Risiken 117
Roque del Moro 93
Rosa de los James 80
Rosario 12
Routen 92
Rubicón-Ebene (Lanzarote) 99
Rundfunk 117

S
Saavedra (Restaurant Morro Jable, Tip) 29
Salinen von Janubio (Lanzarote) 99
San Miguel (Tuineje) 91
Santa Ana (Casillas del Angel) 66
Santa Maria (Betancuria) 62
Santuario Virgen de la Peña (Tip) 64
Schiffsverbindung 12
Schnellstraßen 92
Schwimmbad (Pajara) 85, **87**
Sonntagsmarkt (Antigua, Tip) 58
Sotavento 35
Speisekarte 22
Spezialitäten 22
Sport 36
Sprache 118
Steilküste (Tip) 82
Steilküsten 35
Stickereien 30
Strandburgen 118
Strände 4, 10, 36, **37**
Strandpromenade (Morro del Jable) 72
Straßennetz 92
Stromspannung 118
Südtour 92
Supermercado (Supermarkt) 32
Surfen 37

T
Tabakwaren 31
Taller de Artesania Ceramica (Tip) 32
Tapas (Appetithappen) 23
Tarajalejo 82
Tauchen 37
Taxi 12, 13, **118**
Taxi-Safari 15
Tefia **53**, 102
Tegu 97
Telefon 118
Telegramme 116
Teneriffa 8, 11, 12, **14**
Terassengärten (Vallebrón) 68
Tesejarague 98
Tienda (Kramer) 32
Tiere 119
Timanfaya 99

Tindaya **54**, 102
Tinguation (Lanzarote) 107
Tiscamanita 90
Tischweine 23
Touren 92
Tragflügelboote 14
Tremesana (Lanzarote) 99
Trinkgeld 119
Trinkwasser 119
Trockenfeldanbau 112
Tuineje **91**, 98

U
Uga (Lanzarote) 107
Unterkunft 16
Urbanisationen 16

V
Valle de Santa Inès **69**, 97
Vallebrón **68**, 92
Vega de Rio Palmas 97
Verkehrsregeln 120
Villa Winter (Cofete) **77**, 94
Virgen de La Antigua 59
Virgen de la Peña 42
Virgen de la Regla 85, 98
Vulkane 4
Vulkanlandschaft 7
Vulkanwein 32

W
Währung 113
Wanderungen 92
Wechselkurs 113
Wein 23
Westküste 37
Wetter 116
Windmühlen (Valle de Santa Inès) 69
Wirtschaft 120

Y
Yachthafen (Morro del Jable) 71
Yaiza (Lanzarote) **99**, 106
Youth Hostels 18

Z
Zeitungen 121
Zeitverschiebung 121
Ziegenherden 10
Zoll 121

Live dabei!

Das heißt: immer dort sein, wo das Leben pulsiert! An den besten Stränden, in den neuesten Boutiquen, in den schönsten Hotels, in den tollsten Restaurants, auf den buntesten Märkten, vor den faszinierendsten Sehenswürdigkeiten. Mit Merian live! Dem neuen Reise(ver)führer. Von GU. Da steckt alles drin, was den Urlaub zum Erlebnis macht.
Je Band nur **DM 12,80!**

Weitere Titel:
Amsterdam, Florenz, Moskau, Rom, Wien, Costa Brava, Côte d'Azur, Kalifornien Der Süden, Gardasee, Kreta, Mecklenburg-Vorpommern, Rhodos, Sachsen, Schottland, Sylt, Mallorca.

Mehr draus machen. Mit GU.

IMPRESSUM

WICHTIGE INFORMATIONEN

An unsere Leserinnen und Leser:

Wir freuen uns, Ihre Meinung zu diesem Reiseführer zu erfahren. Bitte schreiben Sie uns, wenn Sie Berichtigungen und Ergänzungsvorschläge haben oder wenn Ihnen etwas besonders gut gefällt:

Gräfe und Unzer Verlag
Reiseredaktion
Stichwort: MERIAN live!
Postfach 40 07 09
Isabellastraße 32
80707 München

Lektorat: Christa Botar
und Andrea Sach
Bildredaktion: Martina Gorgas
Kartenredaktion: Karin Szpott

Gestaltung: Ludwig Kaiser
Umschlagfoto: Silvestris/ O. Stadler
Karten: Kartographie Huber
Produktion: Helmut Giersberg
Satz: Hubert Feldschmied,
Sabine M. Mairiedl
Druck und Bindung: Stürtz AG
ISBN 3-7742-0238-9

Fotos:
G. Aigner: 4, 6, 20, 24, 26, 45, 67, 70, 81, 83, 84, 85, 91, 111, 115;
O. Baumli: 2, 11, 30, 34, 40, 43, 46, 49, 50, 86, 104;
R. Gorgas: 113;
H. Hartmann: 5, 15, 36, 71, 79, 95, 100, 119;
J. Scholten: 56, 57, 59, 60/61, 68, 69;
Silvestris/P. Hamel: 19, 51; H. Heine: 9, 33; S. Rausch: 13; G. Wagner 38/39;
K. Thiele: 101;
Transglobe Agency/O. Stadler: 103;
S. Weidemann: 16, 23, 47, 54, 63, 72, 77, 83, 89, 93, 94, 97

1. Auflage 1993
© 1993 Gräfe und Unzer
Verlag GmbH, München

Alle Rechte vorbehalten. Nachdruck, auch auszugsweise, sowie Verbreitung durch Film, Funk und Fernsehen, durch fotomechanische Wiedergabe, Tonträger und Datenverarbeitungssysteme jeglicher Art, nur mit schriftlicher Genehmigung des Verlages.

Die Deutsche Bibliothek –
CIP-Einheitsaufnahme

Weidemann, Siggi: Fuerteventura: Fuerteventura entdecken und erleben; Baden, Bummeln, Ausgehen; Essen, Trinken, Übernachten; Ausflüge, Wanderungen, Sehenswertes/von Siggi Weidemann.
– 1. Aufl. – München: Gräfe und Unzer Verlag GmbH, 1993
(MERIAN live!)

ISBN 3-7742-0238-9

Dieses Buch wurde auf
chlorfreiem Papier gedruckt